# フロントランナー

## Front Runner

## 6

## 自然と共存する

監修：朝日新聞be編集部

# はじめに

私《わたし》たち人間は、今やとても便利で快適な生活をしています。
科学技術へのあくなき探求《たんきゅう》などにより、それらを手に入れましたが
一方で犠牲《ぎせい》になってきたのが、植物や動物といった
地球上の自然や生物たちなのかもしれません。

そこでシリーズ最終巻《さいしゅうかん》では、ごく身近な出来事から、
自然や動物と共存《きょうぞん》することとはどういうことか？　に目を向けてみましょう。

本書には、自然と共存する社会を創造《そうぞう》する9人のフロントランナーが登場します。
たとえば、保護猫《ほごねこ》カフェ「ねこかつ」代表の梅田達也《うめだたつや》さんは、
今のような「ねこカフェ」という業態が存在しないころから保護猫カフェを開設、
劣悪《れつあく》な環境《かんきょう》にいた猫たちを、信頼《しんらい》できる飼い主へ。
多くの小さな命を救ってきた一人です。
一方で、法医学の見地から虐待《ぎゃくたい》された動物に対するケアを行うのは、
獣医師《じゅういし》・日本獣医生命科学大学特任教授の田中亜紀《たなかあき》さん。

YAMAP《ヤマップ》代表の春山慶彦《はるやまよしひこ》さんは、登山地図をスマホで表示できるアプリ「ヤマップ」のサービスを開発しました。これにより登山がより身近になり、私たちと自然との距離《きょり》がグンと近づいたほど。

一方で探検家《たんけんか》の角幡唯介《かくはたゆうすけ》さんは、過酷《かこく》な環境下での生活について情報発信し、自然の厳しさを教えてくれています。


フロントランナーたちの言葉は、私たちに多くの課題を与《あた》えてくれるはずです。

その言葉に耳を傾《かたむ》け、社会を知る——。

あなたが地球に住む次世代のフロントランナーとなって、世界を変えることを願っています。

朝日新聞be編集部
岩崎FR編集チーム

フロントランナー 6 自然と共存する

# CONTENTS

はじめに …… 2

1 自然があってこそ都市は成り立っている
YAMAP《ヤマップ》代表 春山慶彦《はるやまよしひこ》 …… 7

2 動物保護活動の『終わりの日』を迎《むか》えたい
保護猫《ほごねこ》カフェ「ねこかつ」代表 梅田達也《うめだたつや》 …… 21

3 客観的で科学的な動物へのアプローチを
獣医師《じゅういし》・日本獣医生命科学大学特任教授 田中亜紀《たなかあき》 …… 35

4 動物園の仕事にはやりがいと夢がある
日本動物園水族館協会・生物多様性委員会委員長 佐藤哲也《さとうてつや》 …… 51

※本書は朝日新聞be「フロントランナー」の記事をまとめたものです。記事の内容は掲載当時のものです。

※今回の書籍化にあたり、取材当時から状況が変わった内容については一部改訂しています。

自然と
共存《きょうぞん》する
1

# 自然があってこそ都市は成り立っている

YAMAP《ヤマップ》代表
春《はる》山《やま》慶《よし》彦《ひこ》

# 山で命を守るアプリ運営

「**社長になりたいとか、お金を何百億ももうけたいと思ったことは一度もありません**」。真っすぐにそう言い切る純粋《じゅんすい》さと熱量で、登山・アウトドア関係のスマホアプリを運営し、トップシェアをつかんだ。

「紙の地図とコンパスがあればいい」「市場が小さすぎる」。

9年前、周囲の反対を押《お》しのけ、自分の貯金と父親が支援《しえん》してくれたお金を元手に、登山地図をスマホで表示できるアプリ「ヤマップ」のサービスをひとり、立ち上げた。携帯電波《けいたいでんぱ》が届《とど》かない場所でも、あらかじめ地図をダウンロードすることで、自分がどこにいるのか、地図上で正確に知ることができる仕組みをつくった。

登山記録をアップしたり、ユーザー同士で情報を共有したりするコミュニティー機能も支持され、2022年7月、アプリのダウンロード数は、日本の登山人口の約3分の2にあたる320万を突破《とっぱ》した。従業員《じゅうぎょういん》は約90人になった。

突拍子《とっぴょうし》もないように思える経験が、すべてヤマップにつながる。大教室の授業に嫌気《いやけ》がさした大学1年の春、自転車旅で屋久島《やくしま》にたどりつ

山の中で表情がほころんだ。「山に入ると、世界は自分の頭で考えているよりずっと大きく広く深く、知らないことだらけだとわかります。だから世界を知りたいという好奇心《こうきしん》もわいてきます」＝福岡県新宮町

いた。旅館に住《す》み込《こ》みで働きながら、宿の主人に素潜《すもぐ》りや漁を教わった。「屋久島《やくしま》での経験がなければ、自然の魅力《みりょく》に気がつかないままだったかもしれません」。

## ■何かしなければ悔《く》いが残る

大学を卒業しても就職《しゅうしょく》せず、敬愛《けいあい》する写真家、故・星野道夫さんの足跡《そくせき》を追うようにアラスカへ。先住民イヌイットとアザラシ猟《りょう》に出て、驚《おどろ》いた。彼《かれ》らは最新のGPS機器を使っていたのだ。**「伝統も最新の技術も、命を守るために分け隔《へだ》てなく使う。道具への健全な向き合い方が印象に残りました」**。

30歳《さい》、東日本大震災《ひがしにほんだいしんさい》と原発事故にショックを受ける。「人と自然が離《はな》れた結果の悲劇《ひげき》だと感じました。

ここが気になる！

### ますます進化しているヤマップの機能

スマホ上で地図や軌跡《きせき》が見られるほか、ルートを外れるとアラームが鳴る「ルート外れ警告《けいこく》」、登山中の位置情報をYAMAPのサーバーに定期的に送信することで、帰りを待つ家族や友人に位置情報を共有する「みまもり機能」など、続々と画期的なサービスをリリース。他にも登山届《とざんとどけ》を提出する仕組みを簡略化《かんりゃくか》するなど、登山者の安全をサポートしている。

**社会に良質なインパクトを与《あた》える何かをしなければ、人生に悔いが残る。そう思いました」。**

でも、その「何か」がわからない。

迎《むか》えた春、大分のくじゅう連山でスマホを開き、電《でん》撃《げき》が走る。圏《けん》外《がい》の真っ白

**プロフィール**

**1980年** 福岡県春日市で3人きょうだいの末っ子として生まれる。

★同志社大学法学部に入学してすぐ、自転車で九州一周。身近な自然に豊かな世界が広がっていることを知り、目を開かれる。

**2004年** アラスカ大学フェアバンクス校野生動物管理学部に入学。写真は、命の危《き》険《けん》にさらされながら先住民の猟《かり》に同行していたころ。

アラスカで暮《く》らしていた頃《ころ》の春山慶彦《はるやまよしひこ》さん＝春山慶彦さん提供

**2006年** 帰国し、翌年《よくねん》から写真雑誌《ざっし》『風の旅人』（ユーラシア旅行社）の編集部で働き始める。書店営業やツアー添乗員《てんじょういん》も経験。

**2010年** 20代最後にスペインの巡礼路《じゅんれいろ》、カミーノ・デ・サンティアゴ1200キロを徒歩で踏《とう》破《は》。

**2011年** 登山地図サービスを着想、2013年、「YAMAP」のサービスを開始。

★朝の2時間は読書に費やす。座《ざ》右《ゆう》の書は星《ほし》野《の》道《みち》夫《お》著《ちょ》『旅をする木』（文春文庫）。

な画面で、自分の位置を示す青い点が動いていた。「20代で積み重ねた経験がつながった瞬間《しゅんかん》です。**登山GPSとしてスマホを活用できれば、山での遭難《そうなん》を減らせるはず。そしてアプリを通じて都市と自然をつなぐことができる。**起業を決意しました」。

いま、ヤマップはスマホの画面の外へも広がりつつある。ポイント制度で登山道を整備したり、企業《きぎょう》や自治体と組んで地域振興《ちいきしんこう》につなげたり。位置情報を使って、救助隊が遭難者を救出した例も多数ある。「『動機善《ぜん》なりや、私心《ししん》なかりしか』。その問いを忘《わす》れず、人と山をつなげる事業に、全力で取り組んでいます」。

メインオフィスは出身地の福岡に定める。この夏からは社員の居住地を「全国どこでも可」とした。
「新しい働き方を模索《もさく》する。これも挑戦《ちょうせん》です」

春《はる》山《やま》慶《よし》彦《ひこ》さんに聞いてみよう

Q

## ヤマップは、ひとりでのスタートでしたね。

A

最初、多くの投資家から「登山は市場が小さすぎる。やめたほうがいい」と忠告《ちゅうこく》を受けました。「登山地図アプリで事業が成り立つわけがない」とも。当時流行していたお見合いサービスを、山で展開《てんかい》するなら出資してもいいと言われたのですが、断りました。

登山を通して、人と山をつなぎたい。その衝動《しょうどう》に突《つ》き動かされてヤマップを始め、今にいたります。

Q

## なぜ登山にそこまで強い思いを持つのですか？

A

登山で起業しようと思ったきっかけは、2011年の東日本大震災《ひがしにほんだいしんさい》です。特に、原発事故はいまだにショックです。事故の影響《えいきょう》で被曝《ひばく》し、土地と家を奪《うば》われ、故郷《こきょう》から離《はな》れざるを得ない人たちがいる。僕《ぼく》たち現代人が、土地や風土から離れ、都市の都合で物事を考えてきたが故《ゆえ》に起きてしまった事故のように思いました。

人間の身体は地球を歩き、大地に根ざして生きるために進化してきました。ところが都市化が進み、都市住民の多くが自然から離れて身体性を失い、頭ばかりで世界を捉《とら》えるようになってしまいました。

**エネルギーや食糧《しょくりょう》など、都市生活の豊かさは地方や地方の自然に支えられています。自然があってこそ都市は成り立っているのです。**

その実体験と感覚が、僕《ぼく》たち都市住民にあまりにも少ないことが気になっていました。

**都市と自然、人と山をつなぎ、自分たちの命が、山や自然とつながっていることを体験できる機会をつくりたい。**そう考えたとき、登山こそ今の時代に必要なアクティビティーだと思いました。

## Q 登山地図だけでなく、ユーザー同士のコミュニティー機能を最初からつけたのはなぜですか？

## A

便利な登山地図を提供《ていきょう》するだけでは、使って終わりのアプリサービスになってしまいます。山を楽しむ人たちを束《たば》ねて山の魅力《みりょく》を共有することで、山に親しむ人を増やすことができるのではないか、登山の社会的意義を深めることができるのではないか。そう考えました。

具体的には、自身の山行《さんこう》をシェアしたり、「このルートは荒《あ》れていて危《あぶ》ない」「ここは景色がいい」といった登山道の情報をユーザーが発信し、ユーザー同士で共有したりすることができます。**共有することで登山の安全と楽しみが増し、地図の精度も上がっていきます。いわゆる集合知です。**

血縁《けつえん》や地縁が希薄《きはく》になる社会で、趣味《しゅみ》や価値観《かちかん》を同じくする人が集まったコミュニティーは、一つのセーフティーネット、社会インフラになり得ると考えています。

Q

## 2021年夏に、ユーザーの投稿《とうこう》に他者が送る「いいね」を廃止《はいし》しました。反対意見も出たとか。

A

承認欲求《しょうにんよっきゅう》に応えるための「いいね」は、様々なSNSで定番として使われています。ですが、「いいね」を続けていても、ヤマップに未来はない。**承認欲求以上の価値《かち》を循環《じゅんかん》させる仕組みをつくりたい**とずっと考えてきました。

その思いもあって循環型コミュニティーポイントDOMO《ドーモ》を始めました。活動日記を公開するなど利他的な行為《こうい》をすると、DOMOがもらえます。

もらったDOMOは、共感や感謝、応援《おうえん》のしるしとして、ユーザー同士で送り合うことができます。たまったDOMOは登山道の整備や植樹《しょくじゅ》など、山の保全活動にも活用できるようにしました。ポイントの有効期限は3カ月と、あえて短くしました。「腐《くさ》るポイント」です。

Q

## 「腐る」とは？

A

自然界で腐らないものはありません。なのに、お金だけは腐らない設計になっている。**腐らないから、使ったり送ったりするよりためることに重きが置かれてしまう。マネー資本主義が強くなっているのは、お金が腐らないからだと感じています。**

ＤＯＭＯは有効期限が短いからこそ、送ることや活用することが主眼になります。ＳＮＳでたびたび起きているネガティブな感情ではなく、**利他的な行動や共感、感謝、応援といったポジティブな感情をヤマップの中で循環させたい**のです。

３２０万人のヤマップユーザーと一緒《いっしょ》に、山や自然を愛する人たちのコミュニティーを育て、共助《きょうじょ》の仕組みをつくっています。

Q
## ここまで約10年、次の10年の目標は？

A
山を舞台《ぶたい》に、100年以上続く美しい風景をつくっていくことが僕《ぼく》たちの次の目標です。**人類が幸せに生きることと、環境《かんきょう》が豊かになることをつなげる仕事をしていきたい。**そして、より多くの人に、山や森に関心を持ってもらいたい。山で遊ぶことと山が豊かになることをつなげたい。その思いを忘《わす》れず、全力でヤマップの事業に取り組んでいきます。

# 動物保護活動の『終わりの日』を迎《むか》えたい

保《ほ》護《ご》猫《ねこ》カフェ「ねこかつ」代表
梅《うめ》田《だ》達《たつ》也《や》

# 猫《ねこ》たちを救え、新たな出会いを

大きくとられた窓《まど》から、店内に日差しがふり注ぐ。2013年3月、埼玉県川越市《かわごえし》の商店街にオープンした保護猫カフェ「ねこかつ」。約40匹《ぴき》の猫たちは思い思いにくつろぎ、新たな飼い主との出会いを待っている。

野良猫が産んだ雑種の子猫に、無計画な飼い方の末に飼いきれなくなった「多頭飼育崩壊《たとうしいくほうかい》」で保護された、純血種《じゅんけつしゅ》の猫も。交通事故に遭《あ》い、自治体に収容されていた子猫は、3本脚《ぼんあし》をものともせず、元気に動き回る。

来店客はカフェの料金を払《はら》って猫たちとたわむれ、気に入った猫がいれば引き取りを申し出る。「保護猫の存在《そんざい》を広く知ってもらうため、郊外《こうがい》にシェルターを作るのではなく、人通りの多い場所にカフェというかたちでオープンしました」。

小学校の卒業文集に「大きくなったら保健所にいる猫を救いたい」と書いた。社会人になってもずっと、**野良猫を捕《ほ》獲《かく》（Trap《トラップ》）して不《ふ》妊《にん》去《きょ》勢《せい》手《しゅ》術《じゅつ》（Neuter《ニューター》）をし、元の場所に戻《もど》す（Return《リターン》）「TNR活動」**を個人で続けるなどしてきた。

外《がい》資《し》系《けい》流《りゅう》通《つう》企《き》業《ぎょう》に勤《つと》めていた2011年、福島第一原発の20キロ

猫たちが新たな飼い主との出会いを待っている保護猫カフェ「ねこかつ」。コロナ禍《か》で減ったが、平日は約20人、休日は約50人の来店があるという＝埼玉県川越市

圏内《けんない》に取り残された犬猫《いぬねこ》を救い出すため、知り合いの保護団体と走り回った。

その活動を通じて、悩《なや》みが募《つの》る。保護施設《ほごしせつ》を持たない自分は一匹《いっぴき》も連れて帰れない――。「**40歳《さい》目前で、自分にはキャリアも家族も、守るものがなかった。だったらもう、蓄《たくわ》えが尽《つ》きるまで好きなことをやろうと思いました**」。

思いきって会社を辞め、「ねこかつ」を開く。2018年にはさいたま市にも出店。年間400〜500匹《びき》の保護猫を、新たな飼い主と引きあわせている。これまでに譲渡《じょうと》できた猫は5千匹以上（2024年7月現在）にのぼる。

譲渡の数を増やすだけでなく、その機会も増やしていった。2015年春

## プロフィール

**1972年** 東京都生まれ。祖母と母が猫好きで、子どもの頃から常に猫に囲まれて暮《く》らしていた。卒業文集に「猫を救いたい」と書いたのは、近所の公園に集まる野良猫たちが殺処分《さっしょぶん》されていることを知ったことなどがきっかけだった。

生まれた時から常に家には猫がいたという＝梅田《うめだ》達也《たつや》さん提供《ていきょう》

★1浪《ろう》して明治大学法学部に進学し、1996年に卒業。複数のアルバイトをしながら司法試験に挑戦《ちょうせん》するも、不合格が続き、断念した。

**2013年** 3月、埼玉県川越《かわごえ》市内に「ねこかつ」をオープン。当初はほとんど来店客がなく、ブログでの情報発信で知名度を上げた。2018年には2店目となる大宮日進店（さいたま市）を出店。

★沖縄本島北部の一部自治体では希少種保護のためとして飼い主のいない猫を捕獲《ほかく》しているが、こうした猫を殺処分前に自治体から引き出す現地ボランティアの活動も2018年から支援《しえん》している。これまでに成猫約200匹をねこかつ経由で譲渡した。

に川越市内《かわごえしない》の観光施設《かんこうしせつ》で譲渡会《じょうとかい》を始め、百貨店やホームセンターなどでも会を仕掛《しか》けた。不特定多数の人が集まる場所で開催《かいさい》することで、保護活動の認知度《にんちど》を上げる狙《ねら》いだった。

ここ数年、自宅《じたく》でゆっくり眠《ねむ》るのは月に一度あるかないかという生活を続ける。相談がカフェに寄せられると、野良猫《のらねこ》が産んだ子猫の保護に向かったり、親猫のＴＮＲをしたり、多頭飼育崩壊《たとうしいくほうかい》の現場に入ったり。

捕獲作業《ほかくさぎょう》は猫の活動時間にあわせて、深夜から早朝になることが多い。子猫が多く保護される春から秋にかけてはいつも離乳前《りにゅうまえ》の子猫を数匹《すうひき》連れていて、3、4時間おきの授乳が欠かせない。

取材を終えるとこの日も、車に捕獲器を積み込《こ》んだ。「近所の人から、雌猫《めすねこ》が3匹いて子猫が合計10匹以上生まれていると相談が。**犬猫を捨《す》てれば、行政が税金で殺してくれるという状況《じょうきょう》を、一日でも早くなくしたい**」。

梅《うめ》田《だ》達《たつ》也《や》さんに 聞いてみよう

Q

## オープン当時、「保護猫カフェ」は今ほど一般的《いっぱんてき》ではありませんでした。なぜ始めてみようと思ったのですか?

A

単なるシェルターだと多くの場合、郊外《こうがい》に立地し、一般の人が訪《たず》ねるにはハードルが高くなりがちです。

でも**保護猫カフェという形態なら、人が多く集まる都市部に出店でき、誰《だれ》でも気軽に入れます。カフェとしての収入《しゅうにゅう》が得られるので、寄付に頼《たよ》らずに保護活動を続けることも可能**です。

保護施設として持続可能性が高まり、活動を広く知ってもらう場にもなるわけで、「雑種の猫を集めて人が来るの?」とほかの保護団体からは心配されましたが、思い切って挑戦《ちょうせん》しました。

店名の「ねこかつ」には、「婚活《こんかつ》」や「就活《しゅうかつ》」のように「猫《ねこ》の保護活動」が当たり前のことになってほしいという願いを込《こ》めました。

Q

## 毎日のように保護活動の現場に入りますね。

A

毎日4、5件は猫の保護に関する相談の電話がきます。保護猫カフェという形で保護施設《ほごしせつ》を立ち上げた目的に、気軽に相談できる窓口《まどぐち》としての機能を持たせることも考えていたので、狙《ねら》い通りです。

捕獲作業《ほかくさぎょう》は深夜から早朝になることが多いです。母猫とはぐれた乳飲《ちの》み子《ご》は頻繁《ひんぱん》に授乳が必要なので、家でゆっくり寝《ね》られる日は月に一度くらいです。

## Q なぜ、そこまでできるのでしょうか?

A

生まれたときから、家には常に3、4匹《ひき》の猫がいました。**殺処分《さっしょぶん》される動物がいる一方で、ペットショップにたくさんの動物が並《なら》んでいる現実に、ずっと違和感《いわかん》がありました。**

それで、法律《ほうりつ》を駆使《くし》して動物愛護活動を支援《しえん》したいと明治大学法学部に進みました。コンビニ店員や家庭教師のアルバイトをしながら司法試験を受けていましたが、受からずあきらめました。

一方で、個人でTNR活動などを続けていて二度、とても悔《くや》しい思いをしました。最初は茨城県動物指導センター(笠間市《かさまし》)を訪《たず》ねたとき、次が東日本大震災《ひがしにほんだいしんさい》のときです。

センターでは、職員の方から「この猫たち引き出してくれないか。殺したくないんだ」と頼《たの》まれたのですが、やはり保護施設を持っていなかったため引き取れませんでした。殺処分《さっしょぶん》されるところまで見届《みとど》け、死体に謝り続けました。

二度とも40歳《さい》手前の出来事で、僕《ぼく》には家族など守るものが何もなかった。つまり好きなことができた、ということです。やりたかった保護活動をとことんやろうと、一念発起《いちねんほっき》したのです。

**Q**

**茨城県動物指導センターに収容《しゅうよう》された猫《ねこ》の「全頭引き出し」を始めた際は、動物愛護団体の間でも話題になりましたね。**

**A**

2017年です。茨城県は長く、殺処分数で「全国ワーストランキング」の常連でした。ひどい状態の自治体を改善《かいぜん》できれば、ほかの自治体も追随《ついずい》して変わるはずだと考えたのです。

他団体が生後2カ月以上の猫を引き取ってくれたので、主に乳《ち》飲《の》み子《ご》の面倒《めんどう》をみました。午後5時までにセンターに行かないと殺処分されてしまうから、毎日必死で通いました。

最初のうちは、子猫が入った段《だん》ボールを開けると、飢《う》えと低体温で多くが死んでいるような状態でした。そのうちに、僕らが引き取りに行くまで職員の方々がミルクをあげたり、カイロで温めてくれたりするようになった。**人は「助けられる命」だとわかると、頑張《がんば》れるんですね。**

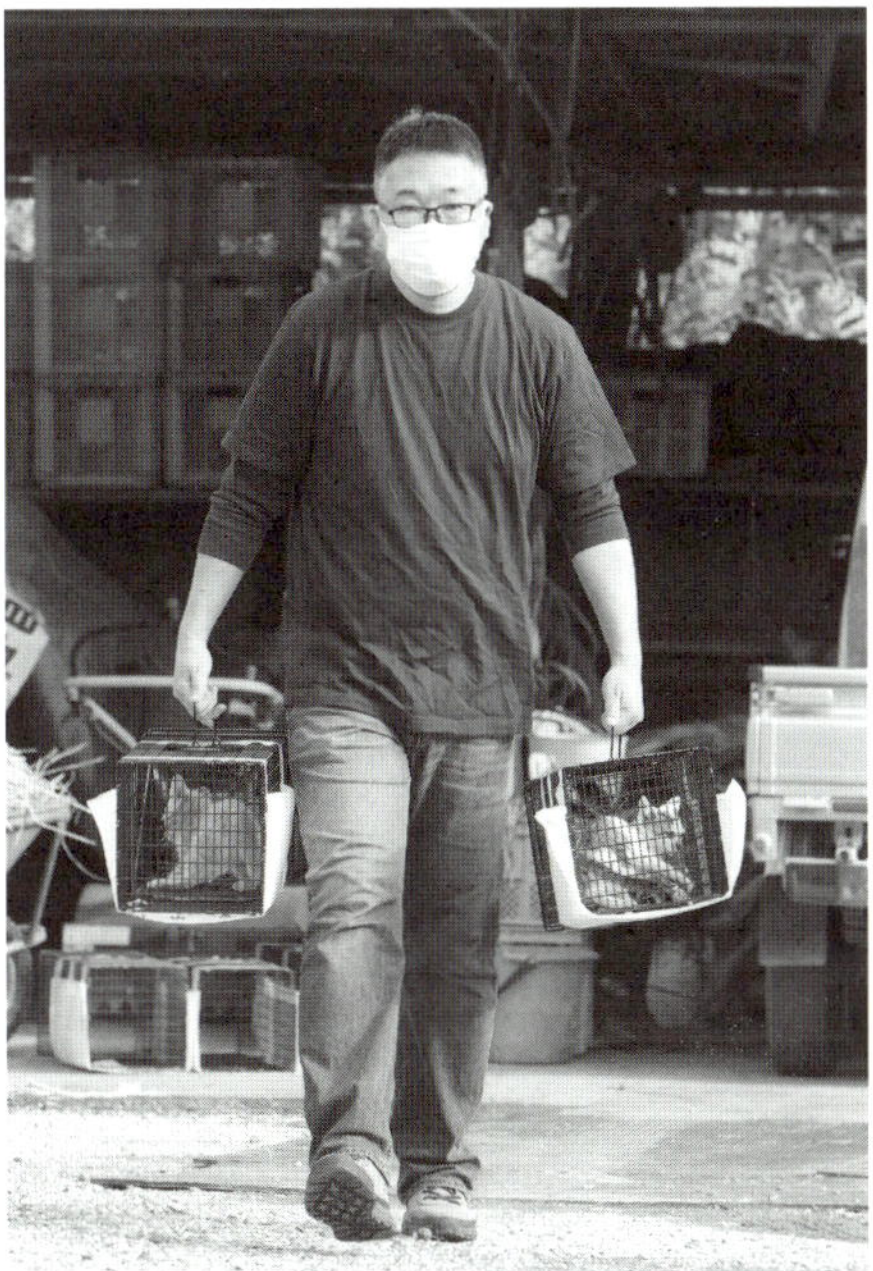

取材が終わるとすぐに野良猫の保護活動へ。子猫は次々と捕獲器《ほかくき》に入ったが、親猫はなかなか捕《つか》まらない。結局、翌早朝《よくそうちょう》まで作業が続いた＝埼玉県川越市《かわごえし》

Q

# 目の前の猫《ねこ》を救うだけでなく、世の中への影響《えいきょう》を意識して動いているのは、なぜ？

A

2015年に埼玉県川越市内《かわごえしない》の観光施設《かんこうしせつ》で譲渡会《じょうとかい》を始めたのは、保護犬・保護猫との出会いが目当てではない、不特定多数の人が保護活動を知る機会を作りたい、という思いからでした。地元不動産会社の敷地《しきち》や百貨店の催事場《さいじじょう》などに譲渡会の場が広がっていった際にも、それを意識していました。

2016年から始めたホームセンター大手・島忠《しまちゅう》の店舗《てんぽ》での譲渡会については、もう一つ大きな意義があります。多くのホームセンターにはペットショップがテナントに入っていて、ペットを買いたい人が来店します。犬や猫を飼おうというときにペットショップで買う選択肢《せんたくし》しか知らない人たちに、保護犬・保護猫という選択肢もあることを知ってもらう機会になるのです。**保護団体による譲渡活動がいつの日か、ペットショップに取っ**

**て代われるようにしたいと思っているのですが、そのための一歩になるはずです。**

Q

**四度目の動物愛護法改正に続き、2021年6月には動物取扱業に対する数値規制を盛り込んだ、環境省の飼養管理基準省令施行が始まりましたね。**

A

これまで動物愛護にかかわるシンポジウムを主催《しゅさい》したり、他団体と一緒《いっしょ》に環境《かんきょう》相《しょう》に法改正の要望を伝えに行ったりと、提言活動もしてきました。ここ数年はあまり動けなかったので、次の法改正の際にはまた積極的に動きたいと思います。

**動物保護の活動はなるべく早く必要でなくなり、「終わりの日」を迎《むか》えないといけません。そのために、これからもできることはなんでもやっていきます。**



新聞掲載：2021年7月17日

Column もっとくわしく知りたい！

リアルな現場の最前線

## 迷子猫《まいごねこ》や捨て猫を見つけた！
## そんなとき、どうすれば？

迷子猫の場合は、飼い猫か野良猫かを判断する必要がある。まずは首輪や迷子札などが付いているかを確認《かくにん》しよう。ついていれば飼い主がいるかもしれないので、マイクロチップ（飼い主の住所などの情報が記録されている）を埋《う》め込《こ》まれているかどうか、動物病院で調べてもらおう。
動物愛護管理法により、犬や猫を捨《す》てることは犯罪とされている。もし捨て猫を発見した場合、まずは動物保護団体に相談するのも手だ。また個人で保護した場合は近所への張り紙やSNSなどで「猫ひろいました」などと発信してみるという方法もある。

自然と
共《きょう》存《ぞん》する
3

# 客観的で科学的な動物へのアプローチを

獣《じゅう》医《い》師《し》・日本獣医生命科学大学特任教授
田《た》中《なか》亜《あ》紀《き》

# 防げ虐待《ぎゃくたい》、動物に「法医学」を

日本獣医生命科学大学《にほんじゅういせいめいかがくだいがく》（東京都武蔵野市《むさしのし》）の研究室が集まる棟《とう》の一角に、特別に設けられた解剖室《かいぼうしつ》。毎週金曜日、そこで動物たちの遺体《いたい》に向き合う。遺体は、虐待や不審死《ふしんし》の疑《うたが》いがあるとして、全国の都道府県警《とどうふけんけい》から持ち込《こ》まれたもの。1匹《ぴき》ずつ、およそ3時間かけて慎重《しんちょう》に解剖。細かく記録をつけていく。

2021年12月下旬《げじゅん》の金曜日も朝から、毒殺の疑いがある猫《ねこ》の遺体に臨《のぞ》んでいた。

まず体の表面をくまなく触《さわ》り、骨折《こっせつ》や脱臼《だっきゅう》がないか確認《かくにん》する。「ガリガリに痩《や》せている。メス。生後5、6カ月」。口をあける。「舌《ぜつ》に潰瘍《かいよう》」。目を観察する。

動物虐待の「証拠品《しょうこひん》」として生きて警察に収容《しゅうよう》される動物もいる。そうした動物の鑑定《かんてい》依頼《いらい》も少なくない。預《あず》かった動物は、基本的に自宅《じたく》で世話をする＝東京都練馬区

「目ヤニはない。目が陥没《かんぼつ》している」。ひどい脱水状態《だっすいじょうたい》にあったと指摘《してき》しつつ「猫《ねこ》カリシウイルスに感染《かんせん》していた可能性が高い」。次々と所見《しょけん》を述べていく。

外傷《がいしょう》は毛に覆《おお》われた表面からはわかりにくい。腹《はら》をひらき、皮膚《ひふ》の裏側《うらがわ》から内出血の有無などを見る。膀《ぼう》胱《こう》ら尿《にょう》を採り、心臓《しんぞう》から血液を抜《ぬ》き、検査に回す。

毒殺の場合に症状《しょうじょう》が表れやすい腎臓《じんぞう》などは特に念入りに見る。「毒物が猫にどんな影響《えいきょう》を与《あた》え、どんな症状が表れるのか知らなければ、虐待《ぎゃくたい》があったかどうかの判断材料を提供《ていきょう》できません」。ここで行われている解剖《かいぼう》の意味を、そう説明する。

ここが気になる!

## 法改正で動物愛護管理法はどう変わった?

動物愛護管理法は、人と動物の共生する社会の実現を図ることを目的としているが、動物に対する痛《いた》ましい事件が後を絶たず、これまで四度、法改正されている。2005年の法改正では、ペットショップや繁殖業者《はんしょくぎょうしゃ》は届出制《とどけでせい》から登録制に移行し、業務内容を厳《きび》しくチェックされることになった。さらに2019年の法改正により、虐待や遺棄《いき》に対する罰則《ばっそく》が強化されている。

## ■法獣医《ほうじゅうい》学《がく》の重要性を説いて回る日々

大学を卒業後、20代後半で渡米《とべい》。カリフォルニア大学デービス校（UCD）で保護《ほご》施設《しせつ》における動物の健康管理のあり方について学んでいて、法医学の手法を動物に応用した「法獣医学」に出会った。「**米国の保護施設では、飼い主**

### プロフィール

**1974年** 東京生まれ。父親の仕事の都合で子どもの頃《ころ》をウィーンやロンドンで過ごす。当時から大の動物好き。中学のとき、初めて動物保護施設を訪《たず》ねたのがきっかけで、獣医師を志す。

**1992年** 日《に》本《ほん》獣《じゅう》医《い》畜《ちく》産《さん》大《だい》学《がく》（当時）に入学。卒業後は動物病院に勤務《きんむ》。来日したカリフォルニア大学デービス校（UCD）の研究者の通訳《つうやく》を務めたのをきっかけに渡米し、2002年、UCD環境毒《かんきょうどく》性学部《せいがくぶ》に入学。獣医学部でシェルターメディスンを専攻《せんこう》し修士課程修了《しゅうりょう》。疫学部《えきがくぶ》に転じて2014年に博士号取得。UCD研究員などを経て、2020年から日本獣医生命科学大学講師、2024年から同大学特任教授。

★2女1男の母。警察《けいさつ》が証拠品《しょうこひん》として押収《おうしゅう》した犬や猫は自宅《じたく》に連れ帰って面倒《めんどう》を見るため、家のなかはいつもにぎやか。趣味《しゅみ》は中学で始めた乗馬。シェルターメディスンを学んでからは保護施設巡《めぐ》りにはまり、土日に動物愛護センターを訪ねて回る。

**や繁殖業者《はんしょくぎょうしゃ》に虐待《ぎゃくたい》された犬猫《いぬねこ》が収《しゅう》容《よう》される事例が相対的に増えてきた。そのためこの20年くらいで、法《ほう》獣医学《じゅういがく》の必要性が言われるようになりました**」と言う。動物は、人ではあまり見られない手段《しゅだん》で殺傷《さっしょう》されたり、臓器《ぞうき》などに独特の症状《しょうじょう》が出たりする。講義や研究で知見《ちけん》を蓄《たくわ》え、合間に時間を見つけては保護施設《ほごしせつ》に通い、解剖《かいぼう》を手伝って腕《うで》を磨《みが》いた。

2016年6月からはUCDの研究員と日本獣医生命科学大の非常《ひじょう》勤講師《きんこうし》を兼務《けんむ》。**「動物虐待を確実に**

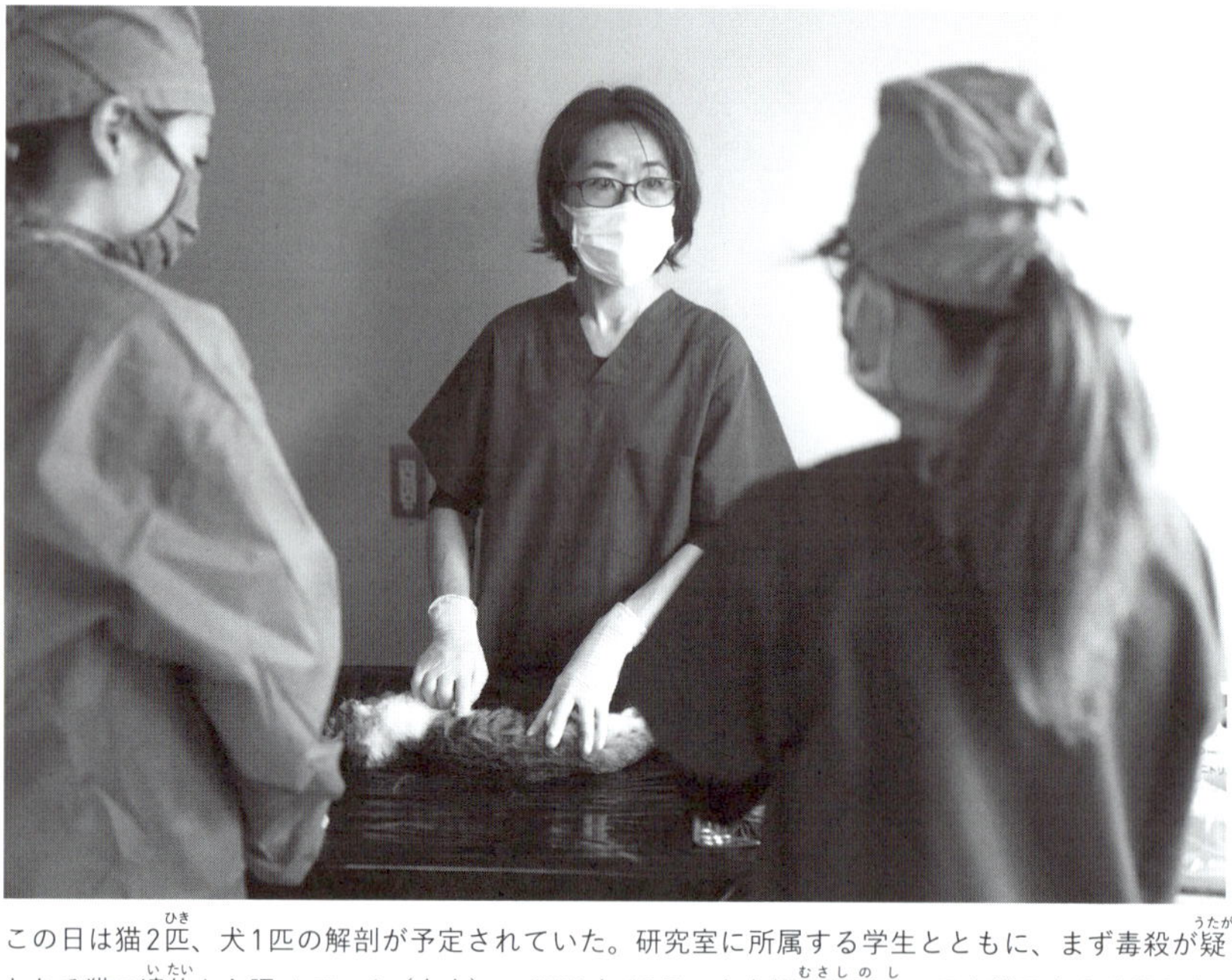

この日は猫2匹《ひき》、犬1匹の解剖が予定されていた。研究室に所属する学生とともに、まず毒殺が疑《うたが》われる猫の遺体《いたい》から調べていく（中央）＝2021年12月、東京都武蔵野市《むさしのし》の日本獣医生命科学大学

**摘発《てきはつ》し、減らしていくことに、日本の獣医師も積極的にかかわらないといけない**」。関係者らに法獣医学の重要性を説いて回った。

２０１７年から、環境省《かんきょうしょう》が開催《かいさい》する自治体の獣医師職員向け研修会で講師を務めるようになり、同省による動物虐待対応のガイドライン作りにも携《たずさ》わる。警察《けいさつ》の解剖依頼《いらい》は２０１９年から受け始めた。

だがまだ、スタートラインに立ったところ。強い思いで、さらに前へと進む。

「動物虐待は、子どもへの虐待《ぎゃくたい》につながるなど地域社会《ちいきしゃかい》に及《およ》ぼす影響《えいきょう》も大きい。日本にも法獣医学《ほうじゅういがく》を浸透《しんとう》させていきたい」。

田中亜紀《たなかあき》さんに聞いてみよう

Q

## なぜ「日本法獣医学研究会」を立ち上げたのですか？

A

獣医科大学の教員や公務員獣医師、民間獣医師、刑法学者《けいほうがくしゃ》らの協力で設立できました。

動物虐待にかかわる研究を深めて科学的知見を蓄積《ちくせき》するとともに、教育環境《かんきょう》の充実《じゅうじつ》をはかって若《わか》い世代を育成していきたいと考えています。将来《しょうらい》的には獣医師になる人の多くが、**大学を卒業する時点で、目の前の動物が虐待を受けているかどうかわかるようになっているというのが、目指したいところ**です。

Q

**動物愛護法違反《いはん》(虐待・遺棄《いき》等)で摘発《てきはつ》される事件は増加傾向《けいこう》で、※動物虐待は人への暴力行為《こうい》の予兆になるとも言われていますが、どう思いますか?**

A

**動物への虐待行為を立証するには、獣医学的見地からの情報提供《じょうほうていきょう》が必要**になります。2019年以降《いこう》、警察《けいさつ》が虐待や不審死《ふしんし》を疑《うたが》う動物の遺体は、私《わたし》の研究室で解剖《かいぼう》する体制ができました。

今では全国の都道府県警から毎日のように、遺体が届《とど》けられます。結果として集積するこれらの事例をもとに、虐待を受けていたかどうかの評価基準を策定《さくてい》して、より効果的に動物虐待という犯罪を摘発《てきはつ》できるようになればいいと考えています。

※2020年で102件。警察庁のまとめによる。

## Q どんな事例が多いのですか？

A

動物種でいえば、猫《ねこ》が犠牲《ぎせい》になるケースが圧倒的《あっとうてき》に多い。虐待《ぎゃくたい》の方法としてはネグレクトが多いですが、薬物を使ったものも目立ちます。犬では絞殺《こうさつ》も多いです。それぞれに特徴的《とくちょうてき》な痕跡《こんせき》が残るので、解剖《かいぼう》により、虐待の有無を判断するための材料を提供《ていきょう》することができるわけです。

## Q 米国ではもともと保護施設《ほごしせつ》（シェルター）における動物の健康管理について学んでいたそうですね。

A

「シェルターメディスン」という専門分野《せんもんぶんや》です。獣医師《じゅういし》は一般的《いっぱんてき》に1頭ずつ個体ごとに健康管理をしますが、多くの動物を一緒《いっしょ》に飼育する保護施設では群管理が求められます。**個体管理では具合が悪くなってからが獣医師の出番。でも群管理では、そもそも具合が悪くならないようにすることを考えないといけない。**そのために感染症《かんせんしょう》の予防法や栄養状態を考えたフードの選択《せんたく》、動物が苦痛《くつう》を感じずに行動できる環境整備《かんきょうせいび》などについて研究します。

近年ではもう一歩進んで、そもそも動物が保護施設に収容《しゅうよう》されなくていいように、多頭飼育崩壊《ほうかい》や動物虐待などの問題も研究対象に含《ふく》まれるようになっています。

ここが気になる!

## シェルターメディスンって何？

動物保護施設（シェルター）や繁殖場《はんしょくじょう》など、群管理が必要な施設における獣《じゅう》医療《いりょう》を意味する。集団飼育の現場では感染症の蔓延《まんえん》やケンカによる負傷《ふしょう》など、一般家庭で暮《く》らす動物では考えられない問題が発生。食事や排便《はいべん》の状況《じょうきょう》を1頭ずつ見ていく健康管理は難《むずか》しい。そこで、人力に頼《たよ》らず、科学的知見を取り入れた仕組み作りをするのがシェルターメディスンなのだ。

Q

## シェルターメディスンや法獣医学《ほうじゅういがく》は、日本にも浸透《しんとう》するでしょうか？

A

日本で行政が運営する「動物愛護センター」などと呼《よ》ばれる保護施設《ほごしせつ》には、基本的に公務員獣医師が勤務《きんむ》しています。彼《かれ》らが接する動物たちは虐待《ぎゃくたい》の被害者《ひがいしゃ》であることが多く、また、日頃《ひごろ》の業務を通じて民間で保護施設を運営する動物愛護団体とも接点を持っています。

まずはその人たちが専門知識《せんもんちしき》を身につけることで、徐々《じょじょ》に状況《じょうきょう》はよくなるのではと思っています。

Q

## この分野の先駆者《せんくしゃ》の一人ですね。

A

獣医師になろうと思ったきっかけが、子どもの頃に父の仕事の都合で住んでいたロンドンで、「RSPCA（英国王立動物虐待防止協会）」の保護施設を見学したことでした。獣医師が何人もいて、保護された動物たちを助けていました。**飼い主のいない動物たちが幸せをつかむための「架《か》け橋《はし》」のような存在《そんざい》**でした。私《わたし》もそういう獣医師になりたいと思いました。

ロンドン時代の田中亜紀《たなかあき》さん（右から2人目）＝田中亜紀さん提供《ていきょう》

Q

## 大学を卒業後、米国に渡《わた》ったのはなぜ？

A

欧米《おうべい》で暮《く》らすと、動物を身近に感じます。レストランや公共交通機関も含《ふく》めて、ほとんどの場所に犬と一緒《いっしょ》に入れるなど、生活のなかに自然と動物がいます。そんな環境《かんきょう》に再び身を置きたいと思ったのが一つ。もう一つは、**獣医《じゅうい》学教育《がくきょういく》はやはり米国のほうが進んでいるということ。人の医療《いりょう》のように専門《せんもん》医制度《いせいど》が確立している**など、より深く、高度に学べると考えました。

コネとも言えないような関係を頼《たよ》りに、カリフォルニア大学デービス校に行きました。お金がなかったので、授業料が免除《めんじょ》される研究助手の制度を探《さが》し、最初は環境毒性学部で学びました。その後、シェルターメディスンの講座《こうざ》に迎《むか》えてもらい、保護施設《ほごしせつ》にどっぷりかかわる日々がスタートしました。

## Q 日本の現状についてはどのような課題が？

## A

動物《どうぶつ》福祉《ふくし》の概念《がいねん》を正確に普及《ふきゅう》させる必要があると思います。科学的知見をもとに、動物たちの苦痛《くつう》をなるべく取り除《のぞ》いてあげる取り組みが、動物福祉につながります。

**動物愛護活動では感情に基づく判断がなされがちですが、それだけでは動物を幸せにできません。**シェルターメディスンや法獣医学の重要性を訴《うった》えることにもつながりますが、客観的で科学的な動物へのアプローチが大切なのです。そのために、私《わたし》のような獣医師ができることはたくさんあると思っています。

## 動物に関わる仕事にはどんなものがあるの？

よく知られた仕事といえば、動物園や水族館などの飼育員だろう。他にトリマー、ドッグトレーナーに調教師、酪農家《らくのうか》という選《せん》択《たく》もある。いずれも命をあずかる仕事であるため、動物が好きなだけではつとまらない厳《きび》しい面もあるだろう。

2022年には、従来民間団体の認定資格だった「動物看護師《どうぶつかんごし》」の役割を広げた国家資格として「愛玩《あいがん》動物看護師」が創設《そうせつ》された。これまで獣医師《じゅういし》が行っていた診療《しんりょう》のうちの一部の行為（採血・投薬・マイクロチップ挿入《そうにゅう》など）が獣医師の指示の下で認められ、より高い看護技術が求められている。

自然と
共存《きょうぞん》する
4

# 動物園の仕事にはやりがいと夢がある

日本動物園水族館協会・生物多様性委員会委員長
佐藤《さとう》哲也《てつや》

# 使命果たし動物園の未来を

ゾウは群れ飼育が基本で屋外では1頭あたり500平方メートル以上を確保。レッサーパンダ舎には樹木《じゅもく》を入れ、1頭ないし2頭あたり最低22平方メートル……。

日本動物園水族館協会（JAZA）が2020年9月、動物園の飼育・展《てん》示施設《じしせつ》の広さなどについて、福祉《ふくし》に配慮《はいりょ》した「適正施設ガイドライン」を定めるのを、生物多様性委員会委員長として主導した。日本に動物園ができて2022年で140年。将来《しょうらい》にわたり存続《そんぞく》させていくために、強い思いがあった。**「動物福祉への配慮は世界的な潮流《ちょうりゅう》。日本だけが乗り遅《おく》れるわけにはい**

日本動物園水族館協会の「適正施設ガイドライン」策定《さくてい》にあたっては、行動量を増やすための工夫や構造などの要素を盛《も》り込《こ》む「日本なりのルール」作りを掲《かか》げ、関係者の理解を広げていった＝栃木県那須《なす》町の那須どうぶつ王国

かない」。

加盟園《かめいえん》は公営と民営が混在し、園の規模《きぼ》や立地も様々。一律《いちりつ》での規制に様々な意見があったが、4年近くかけて進めた。「よりよいものにするため改定を重ねていく」と話す。

## ■「動物のためになる人生を歩もう」

普段《ふだん》は、那須《なす》どうぶつ王国（栃木県那須町）などの園長を務めつつ、複数の会社を運営する経営者だ。それでも年間100日以上をJAZAや希少種保全の活動に費やす。「自分の立場なら自由に思う存分《ぞんぶん》できる。お金にはならないけど、果たすべき使命がある」。

小学生のとき、映画《えいが》「仔鹿物語《こじかものがたり》」を見て感動し、将来《しょうらい》の夢は「動物園で働くこと」になった。都立高校を卒業後、夢がかなって動物園に就職《しゅうしょく》できた。

でも、思い描《えが》いていた理想とは少し違《ちが》うところもあった。経費削減《さくげん》でエサを減らし、せまい不適切な施設《しせつ》に動物を押《お》し込《こ》める。ときにそんな現実に直面した。

「動物のためになる人生を歩もう」と1999年に起業。2006年に那須《なす》

## プロフィール

都立多摩高校在学中は、野球部で甲子園を目指していた＝佐藤哲也さん提供

**1957年** 東京都生まれ。小学生の頃《ころ》から将来の夢は「動物園で働くこと」。都立多摩《たま》高校では野球部で甲子園《こうしえん》を目指し、3年時は投手。高校を卒業し、19歳《さい》で動物園に就職。

**1999年** 別の動物園に転職した後、1999年に動物の飼育管理の受託《じゅたく》や輸送などを手がける「アニマルエスコートサービス」を立ち上げた。2006年、那須どうぶつ王国の経営権《けいえいけん》を引《ひ》き継《つ》ぐ。

**2014年** 東日本大震災《ひがしにほんだいしんさい》と原発事故を経験し「有事の際に動物の避難先《ひなんさき》が必要だ」と考え、神戸どうぶつ王国（神戸市）を開業。2012年、日本動物園水族館協会（JAZA）の生物多様性委員会が発足すると副委員長に就任。2016年にはJAZA理事に就き、同委員会委員長に。

**2019年** ボルネオ島で生物多様性保全事業を視察《しさつ》。前年から両どうぶつ王国として事業に参加した。

★趣味《しゅみ》は野生動物ウォッチング。自室はジャングルを歩くための装備《そうび》であふれている。

どうぶつ王国の経営権《けいえいけん》を引き継《つ》ぎ、念願だった動物園経営に乗り出す。

　この間、東日本大震災《ひがしにほんだいしんさい》やコロナ禍《か》などで厳しい経営環境《かんきょう》が続く。それでも「動物園の役割《やくわり》は大きく変わってきた。動物福祉《どうぶつふくし》は大前提。希少動物の保全と環境教育は絶対にやらないと」。自園でも飼育・展示施設《てんじしせつ》の改善《かいぜん》を進め、ニホンライチョウの保護と繁殖《はんしょく》に努めたり、いち早く使い捨《す》てプラスチック製品を廃止《はいし》したりしてきた。

レッサーパンダは、国際自然保護連合のレッドリストで「絶滅危惧種《ぜつめつきぐしゅ》」に分類されている。国内で順調に繁殖を続けられている希少種の一つだ。那須どうぶつ王国でも、他園と連携《れんけい》しながら繁殖に努めている

生物多様性委員会の副委員長に就《つ》いた2012年ごろからは、動物園全体の未来について深く考えるようになった。

最初に力を入れたのは、**優先的《ゆうせんてき》に後世に残す動物種を選び、加盟園《かめいえん》で連携して計画的に繁殖させる「コレクションプラン」の策定《さくてい》と運営。いま約90種の繁殖計画を差配する。**

2021年度からは、希少種の精子や卵子《らんし》を冷凍《れいとう》保存《ほぞん》して人工繁殖につなげる「配偶子《はいぐうし》バンク」事業を軌道《きどう》に乗せようと計画を進める。

「ダイナミックに変化、進化していかなければ動物園の使命は果たせない。使命が果たせなくなれば、動物園の継続《けいぞく》、発展《はってん》は望めない時代になった」。

ここが気になる!

## コレクションプランにはどんな動物が選ばれているの?

コレクションプランとは生物の保存、繁殖《はんしょく》に取り組むために生物を選定、分類、管理していく計画。日本で飼育している希少動物を11の群に分け、保護が必要な動物約150種を選定、戸籍簿《こせきぼ》を作っている。動物の例を挙げると、「ラッコ」「ニホンカモシカ」「ニシゴリラ」「チンパンジー」「ホッキョクグマ」「キリン」「スマトラオランウータン」などが選定されている。

佐藤哲也《さとうてつや》さんに聞いてみよう

Q

## いま動物園が直面している問題とは？

A

多くの動物園は、もともと市民のレクリエーションや教育を主な目的として生まれました。

しかし、その役割《やくわり》はずいぶん変わってきていて、この30年くらいは、**絶滅《ぜつめつ》の危機《きき》にある希少動物を繁殖《はんしょく》して後世に残していく「種の保存《ほぞん》」**が大きな**テーマ**になっています。

近年ではさらに、動物福祉《どうぶつふくし》への配慮《はいりょ》が絶対的に必要になってきました。これは世界的な潮流《ちょうりゅう》で、**動物を輸入する際、施設《しせつ》が見合う水準のものかどうか厳しく問われるようにもなっています。**2020年9月に日本動物園水族館協会（JAZA）として「適正施設ガイドライン」を作りましたが、今後は対象とする動物種を増やしつつ、よりよいものにするため最新の知見を取り入れながら、改定を重ねるつもりです。

Q

## JAZAの生物多様性委員会委員長として「コレクションプラン」を差配していますね。

A

2012年に生物多様性委員会が発足し、副委員長になった時から取り組んでいます。ワシントン条約を日本が1980年に批准《ひじゅん》して以降《いこう》、希少動物を輸入しにくくなったこともあり、いま動物園で展示《てんじ》している希少動物たちは、放っておけばいつの間にかいなくなってしまう。そうならないよう、いかに代を重ねて繁殖し、後世に残していけるかを考えないといけません。

動物、人材、施設、資金、いずれも限られたリソースであり、それらを有効に活用するためにはコレクションプランが必要でした。

遺伝的多様性《いでんてきたようせい》を確保しながら繁殖《はんしょく》を進めるには、動物をほかの園に移動させる必要が生じることがあります。苦労して移動させた先で繁殖に成功したという知らせがくると、「後世への責任が果たせた」と本当にうれしくなります。

Q

## SDGs（持続可能な開発目標）の推進役《すいしんやく》を担《にな》おうという動物園も目立ってきましたが、どう思いますか？

A

「種の保存《ほぞん》」という目的に向かってコレクションプランを策定《さくてい》するなどしているわけですが、これは本来の生息域《せいそくいき》ではない場所で動物たちを残していく取り組みです。

これに対して、**希少動物が暮《く》らす自然環境《しぜんかんきょう》そのものの保全に取り組ん**

**でいこうという機運が高まっています。**たとえば那須《なす》どうぶつ王国でも2014年から、ツシマヤマネコが狩《か》りをする場として重要な長崎県対馬《つしま》の田んぼを守る活動を、収穫《しゅうかく》される米を買い上げることで支援《しえん》しているほか、2018年から使い捨《す》てプラスチック製品の廃止《はいし》に踏《ふ》み切りました。経費が増えることではありますが、SDGsにつながるこうした環境保全や環境教育は、これからの動物園の重要な責務だと考えています。

## Q JAZAとしても、海外の環境保全に関わろうと考えているとか。

**A** もともと旭山動物園《あさひやまどうぶつえん》（北海道旭川市）が、マレーシアのボルネオ島でオランウータンの生息域を広げたり、親を殺された子ゾウを保護する施設《しせつ》を建設したりする活動を始めました。これが国内6園の連携《れんけい》による取り組みに発展《はってん》し、この度、JAZAとマレーシア・サバ州が生物多様性保全に向けた協定を結ぶに至《いた》ったのです。JAZAとして海外で野生動物が暮《く》らす自然《しぜん》環境《かんきょう》を守ろうという活動に乗り出すのは、これが初めてです。

欧米《おうべい》では以前から積極的に行われていることなので、海外での活動は広げていきたいと考えています。

ボルネオ島で行われているゾウの保護活動を視察する佐藤哲也《さとうてつや》さん＝2019年6月、マレーシア・サバ州（佐藤哲也さん提供）

**Q いつも動物のことばかり考えている印象ですね。**

**A** 動物に関わる仕事をしたいというのは、子どもの頃《ころ》からの夢でしたから。小学生の時にテレビで映画《えいが》「仔鹿物語《こじかものがたり》」を見て感動し、それから『シートン動物記』を読みふけりました。

ただ、高校を卒業後、アルバイトをしながら動物園への就職《しゅうしょく》を目指していた頃は、就職先がなかなか見つからず、将来《しょうらい》が見えなくてつらかったですね。夜はあまり眠《ねむ》れず、天井ばかり見ていました。

今でもおぼえているのが、最初に就職した動物園の入社試験を受けに行ったときのことです。**大好きなゾウの姿《すがた》が道路から見え、「やっとこいつらのそばにこられる」と思ったら、自然と涙《なみだ》がこぼれました。**

**Q 複数の園や会社を経営しながらＪＡＺＡの活動も。苦労が多いのでは？**

**A** 自園のことも、ＪＡＺＡのことも、どこまでやってもキリがありません。でも、動物園の仕事には夢がある。だから続けられます。

今年度からは、那須《なす》どうぶつ王国で繁殖《はんしょく》したニホンライチョウの野生復帰を目指す事業を始めます。そのためにまず、一般《いっぱん》には非公開の専用施設《せんようしせつ》をつくりました。これだって大変なことばかりですが、やりがいと夢があふれているから、やるんです。

佐藤哲也《さとうてつや》さんは、心不全のため2024年3月に永眠《えいみん》されました。ご冥福《めいふく》をお祈《いの》りいたします。

新聞掲載：2021年8月21日

自然と
共《きょう》存《ぞん》する
5

# 野《の》良《ら》猫《ねこ》に1代限りの生を全《まっと》うさせる

獣《じゅう》医《い》師《し》
山《やま》口《ぐち》武《たけ》雄《お》

# 野《の》良《ら》猫《ねこ》を減らす活動40年

福岡県みやま市に設けられた動物病院に２０２２年12月上旬《じょうじゅん》の早朝、捕獲《ほかく》器《き》に入れられた野良猫が次々と集まってきた。ボランティアらが雌雄《めすおす》の別や体重を確認《かくにん》し、麻酔《ますい》をかけたうえで、不妊《ふにん》・去勢手術のため手術台へと運ぶ。

最初はキジトラ柄《がら》の雌猫。メスを手に、さっとおなかを切る。「傷口《きずぐち》は小さく」。優《やさ》しいまなざしで手元を見つめながら、つぶやく。手術の翌日《よくじつ》には元いた場所に放つから、開腹幅《かいふくはば》は1センチ程度にとどめるようにしている。鉗子《かんし》や子宮つり出し鈎《こう》を自在に操《あやつ》り、最後は抜糸《ばっし》が不要な吸収糸《きゅうしゅうし》でおなかをとじる。その間、10分足らず。雄なら1分もかからない。技術を習得しようと教えを請《こ》う獣医師《じゅういし》は後を絶たない。

## ■動物愛護精神なんてなかった

元は神奈川県で動物病院を経営する普通《ふつう》の獣医師だった。大学卒業後、1974年に開業。「動物愛護精神なんてなかった。食っていくのに必死だった」。

**きっかけは、病院を開いて約10年が経《た》った頃に出会った一匹《いっぴき》の野良猫。**骨盤《こつばん》が折れ、胎児《たいじ》が死んでいた。手術して助け、飼い猫にした。

「野良猫の一生は本当に過酷《かこく》。妊娠《にんしん》中でもエサを求めてさまよわないと

若手《わかて》獣医師たちの手術を見つめる山口武雄《やまぐちたけお》さん。「各地の獣医師会も立ち上がってくれたらなあ。そうしたら、あっという間に殺処分《さっしょぶん》を減らせるのに」＝福岡県みやま市

いけない。一生懸命《いっしょうけんめい》に子育てしていても、人間に捕《つか》まれば殺処分《さっしょぶん》されちゃう」。

**不妊《ふにん》・去勢手術をすれば猫《ねこ》はおとなしくなり、人間社会でも共生しやすくなる。**1代限りの生を全うしてもらいつつ、子猫が生まれることはなくなるから野良猫は減る。

まず、野良猫の手術を5千円で引き受け始めた。当時でも麻酔料《ますいりょう》や入院費を除《のぞ》いた手術料だけで雄《おす》は1万数千円、雌《めす》なら3万円近く取るのが一般的《いっぱんてき》。破格の設定だった。

同じ頃《ころ》、動物保護団体から相談されて出張手術も手がけるようになった。野良猫たちがいる場所に出向い

## ここが気になる！

### 猫に不妊《ふにん》・去勢手術が必要な理由とは？

猫は繁殖力《はんしょくりょく》が高い。手術をすれば繁殖をコントロールできるが、じつはそれだけが目的ではない。発情行動を抑《おさ》えることで性格が落ち着き、穏《おだ》やかに過ごすことができるのだ。発情期なのにそのための行動ができないことは、猫にとってストレスでしかない。さらに、生殖器《せいしょくき》の病気を予防するなど、不妊・去勢手術にはメリットが多い。

て手術することで、より多くの数をこなせるからだ。捕獲《ほかく》（Trap《トラップ》）し、不妊・去勢手術（Neuter《ニューター》）をして元いた場所に戻《もど》す（Return《リターン》）。**野良猫を助ける取り組みのなかでも「TNR」と呼《よ》ばれる活動に没頭《ぼっとう》した。**

## プロフィール

**1947年** 神奈川県生まれ、実家は養豚《ようとん》をしていた。日本大学農獣《のうじゅう》医《い》学《がく》部《ぶ》畜産学《ちくさんがっ》科《か》に入学。友人の犬の面倒《めんどう》をよくみていたところ「獣医師に向いている」とすすめられ、獣医学科に再入学。

**1974年** 神奈川県大和市で山口獣医科病院を開業。「ゴン子」と名付けた野良猫との出会いを機に、格安で野良猫の不妊・去勢手術を手がけるように。

**1993年** 移動手術車で、出張手術の全国キャラバンを開始。

**1995年** 阪神《はんしん》・淡路《あわじ》大震災《だいしんさい》の被災地へ。公園にテントを張り約4カ月にわたり、動物たちの診療《しんりょう》や不妊・去勢手術にあたる。

**1999年** 財団法人「富岡操動物愛護基金《とみおかそうどうぶつあいごききん》」（現・公益財団法人「どうぶつ基金」）理事に就任《しゅうにん》。後に会長となり、現在は顧問《こもん》。

**2004年** 12月のスマトラ沖地震後、すぐに現地に向かい、犬猫の診療や手術にあたる。

**2010年** 動物愛護管理功労者として環境大臣表彰《かんきょうだいじんひょうしょう》を受ける。

**2017年** 山口獣医科病院の経営から引退《いんたい》。

それから約40年、保護団体のボランティアだけでなく、行政職員や獣医師《じゅういし》ら動物愛護活動に携《たずさ》わる多くの関係者から尊敬《そんけい》を集める存在《そんざい》になった。病院経営から引退《いんたい》した今も全国各地を巡《めぐ》り、野良《のら》猫《ねこ》の手術にあたっている。その数は年間5千匹《せんびき》以上にのぼる。

取材したこの日は約6時間、手術台に立ち続けた。手術した猫は約40匹。「**僕《ぼく》のやっていることは、猫を幸せにはしない。でも不幸な猫は、確実に減らしていける**。持っている力をそのために使い切りたい」。福岡に3日滞在《たいざい》後、宮崎へ向かった。手術の予定は数カ月先まで詰《つ》まっている。

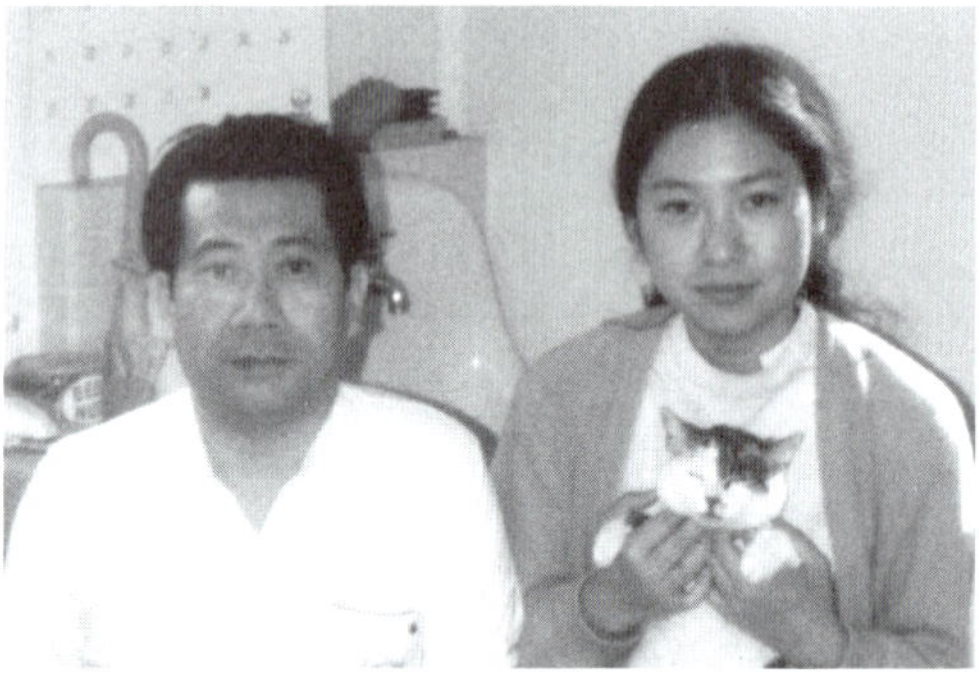

野良猫の保護活動にかかわるきっかけになった猫のゴン子を囲んで＝1987年4月27日、山口獣医科病院、山口武雄さん提供《ていきょう》

1980年代は毎年20万、30万匹の猫が殺処分《さっしょぶん》されていたが、2020年度には約2万匹まで減った。「あと一息。だけど、あと一息からが難《むずか》しい。動物保護団体はパンクしそうなところもある」と山口武雄さん（中央）＝福岡県みやま市

山口《やまぐち》武雄《たけお》さんに 聞いてみよう

Q

野良猫《のらねこ》を捕獲《ほかく》（Trap《トラップ》）し、不妊《ふにん》・去勢手術（Neuter《ニューター》）をして元いた場所に戻《もど》す（Return《リターン》）。このTNR活動を40年近く続けていますね。

A

すべての野良猫を飼い猫にできれば、それはもちろんすばらしいです。でも、現実には不可能ですよね。私《わたし》がこの活動に取り組み始めた1980年代には、全国の自治体に収容《しゅうよう》される猫は毎年20万、30万匹《まんびき》もいて、そのほとんどが殺処分《さっしょぶん》されていました。今でも毎年約4万匹が収容されています。

それだけの数の飼い主を継続的《けいぞくてき》に見つけてあげることは、残念ながら難《むずか》しい。そうであれば不妊・去勢手術をして、殺処分されてしまう不幸な命が生まれることを防ぎ、いま生きている野良猫たちには1代限りの生を全うさせてあげるのがいい。そう考えて、続けてきました。

犬については狂犬病予防法《きょうけんびょうよぼうほう》により、一部の山間地域《さんかんちいき》などを除《のぞ》いてほとんど野良犬を見なくなりました。殺処分をなくすためには、**野良猫の問題をなんとかしないといけないのです。**



## Q 野良猫を元の場所に戻すことに反対する人もいますが、どう思いますか？

**A**

不妊・去勢手術をすれば、オシッコによるにおいづけなどもしなくなります。発情期がこなくなるから、夜間に大声で鳴くようなこともありません。

地域の人たちの理解を得やすくなり、猫が人間社会のなかでより共生しやすくなります。

TNRは数回やってみてやめたり、間隔《かんかく》を空けすぎたりするのではダメなんです。**肝心《かんじん》なのは、その地域《ちいき》にいる猫《ねこ》をスピード感をもって、徹底《てってい》して手術すること。かつ、それを粘《ねば》り強く続けること。**いつか地域で暮《く》らす猫を目にしなくなる日が来ます。猫が存在《そんざい》することで嫌《いや》な思いをする人もいなくなります。

## Q 御蔵島《みくらじま》（東京都）や徳之島《とくのしま》（鹿児島県）などの離島《りとう》でも、精力的に活動したのは、なぜ？

A

離島こそTNRの効果が表れやすいからです。たとえば隠岐《おき》（島根県）には、かれこれ15年くらい通っています。

昔は港に猫がゴロゴロ寝転《ねころ》んでいました。毎年4回行き、その度に約300匹《ひき》の手術をしてきたのです。最近は年1回に減らしましたが、多くて10〜15匹しか捕《つか》まりません。野良猫の繁殖《はんしょく》がなくなり、増えなくなったのです。

## Q 地元自治体の協力も重要ですか?

## A

**自治体の担当者《たんとうしゃ》にやる気があると、スピードも規模《きぼ》も違《ちが》ってきます。**

2017年度からは、三重県の公務員獣医師《じゅういし》に手術の技術指導を始めました。臨床経験《りんしょうけいけん》がほとんどありませんでしたが、マンツーマンで指導し、TNRの現場で手術を担《にな》えるようになってきました。

当初は5人の獣医師がいて1日約30匹しか手術ができませんでしたが、今では1日約100匹レベルまで習熟《しゅうじゅく》してきました。もう少しで、公務員獣医師だけでTNR活動を推進《すいしん》する体制ができあがります。

Q

**すぐに屋外の環境《かんきょう》に戻《もど》すから、安全に手術する技術が求められますか？**

A

難《むずか》しい手術ではありませんが、僕《ぼく》は、おなかを切る場所は、最後（お尻《しり》寄り）の乳頭《にゅうとう》の真ん中のちょっと上（頭寄り）と決めています。そこは血管が少ないからです。出血は少ない方がいいでしょう。

Q

**国内外の被災地《ひさいち》で救援活動《きゅうえんかつどう》もしてきましたね。**

A

雲仙《うんぜん》・普賢岳《ふげんだけ》の噴火災害《ふんかさいがい》、阪神《はんしん》・淡路大震災《あわじだいしんさい》、東日本大震災《ひがしにほんだいしんさい》と、多くの被災地で活動してきました。被災し、飼い主を失った動物たちに新たな家族を見つけてあげるには、やはり不妊《ふにん》・去勢手術をしないといけないのです。ケガをしていれば、治療《ちりょう》しないといけません。体調を崩《くず》して病気になる動物もいます。**獣医師《じゅういし》なら、率先していかないとダメでしょう。普段《ふだん》、動物のおかげで暮《く》らしていけているのだから。**

スマトラ沖地震の際、1カ月くらいインドネシアに行ったのも同じことです。災害が起きたとき、人の言葉を話せない動物たちが苦しむことになるのは、どこの国でも同じです。

**Q** **手術にかかわる費用は、ずっと実費程度しか受け取っていませんね。しかも出張の連続で、自宅《じたく》に帰れるのは月に1週間程度とか。なぜそこまでできるのでしょう。**

**A** 一匹《いっぴき》でも多く野良猫《のらねこ》を助けたい、一匹でも不幸な命を減らしたい、というのは当然あります。最近はそうした動機に加えて、ボランティアさんたちの姿《すがた》に励《はげ》まされています。

野良猫《のらねこ》を捕獲《ほかく》するため一晩中《ひとばんじゅう》、駆《か》け回る。乳飲《ちの》み子《ご》が保護されたら3、4時間おきに授乳する。毎日エサをあげ、毎日それを片付《かたづ》ける。フンの掃除《そうじ》もする。自宅にたくさんの猫を抱《かか》えている人もいる。そして時々、猫が嫌《きら》いな人から苦情を言われる。本当に頭が下がります。

**そんなボランティアさんたちを手助けできる。獣医師《じゅういし》になったかいがあるというものです。**この活動を引退《いんたい》するつもりはありませんよ。

新聞掲載：2023年1月21日

自然と
共《きょう》存《ぞん》する
6

# 豊かな人生の最後をサポートするのが介《かい》護《ご》

特別養護老人ホーム「さくらの里山科」施《し》設《せつ》長《ちょう》
若《わか》山《やま》三《み》千《ち》彦《ひこ》

# 年老いてもペットとともに

走り回る犬や猫《ねこ》を笑顔で見つめるお年寄りたち。思い思いに抱《だ》っこしたり、なでたりする。40人の入居者とともに、犬9匹《ひき》、猫9匹が暮《く》らす。神奈川県横《よこ》須《す》賀《か》市《し》で、全国でも珍《めずら》しいペット同伴《どうはん》入居可能な特別養護老人ホーム（特養《とくよう》）を運営する。

一人のサービス利用者の死が、取り組みのきっかけだった。ミニチュアダックスフントを飼っていた独居の80代男性。体が弱って老人ホームに入ることになった。やむなく保健所に引き渡《わた》した。スタッフが面会に行くと、「俺《おれ》は家族を殺したんだ」と号泣《ごうきゅう》していたという。罪悪感にさいなまれながら、半年後、男性は亡《な》くなった。

「こんなことがあってはいけない。ペットも入れる特養をつくろう」。2012年、ペット同伴可能な特養「さくらの里山科」を完成させた。

ペットは個室以外の共用スペースも自由に出入りをする。世話に手間はかかるが、「**ペット好きな職員が担当《たんとう》するので負担を負担と思わない**」。犬の散歩は地域《ちいき》のボランティアが手伝ってくれる。

業界団体によると、ペット同伴可

猫ユニットに入ると、どこからともなく猫たちが寄ってきた。犬ユニットとはまた違《ちが》う、のんびりとした雰囲気《ふんいき》だ＝神奈川県横須賀市の「さくらの里山科」

能な介護《かいご》施設《しせつ》は、有料老人ホームでは少しずつ出てきたが、特養ではまだ珍《めずら》しいという。「山科」の特徴《とくちょう》は、入居者が愛犬や愛猫《あいびょう》を連れてくる以外に、**ホーム自体でも保護犬や保護猫を飼っていること。殺処分《さっしょぶん》される犬猫を減らすことにもつながる。**

## ■「最低限」の福祉《ふくし》に疑問《ぎもん》

元々は教師だった。ところが福祉ボランティアに力を入れていた両親から「社会福祉法人をつくるのを手伝ってほしい」と言われ、思い切って転職。1999年、34歳《さい》のときだった。

デイサービスなどの運営に携《たずさ》わるが、**「最低限」のことしかやらない福祉のあり方に疑問を感じた。**「楽

**ここが気になる!**

### なぜペット同伴《どうはん》は難《むずか》しい?

現在の特別養護老人ホームの収益構造《しゅうえきこうぞう》では、ペットを受け入れての運営がコスト的に厳《きび》しい。エサ代、動物病院代などの実費は飼い主の入居者(の家族)が負担してくれるが、ペットの世話をするための人件費は請求《せいきゅう》できないからだ。しかし、ペットと添《そ》い遂《と》げることは健康面へのメリットも大きい。有料老人ホームなどでは、少しずつペット同伴可能な施設も増えてきている。

**しむ」という視点《してん》が足りない。**

利用者たちと浅草に小旅行に出たり、居酒屋に行ったりした。泣いて喜ぶ男性がいた。生徒の夢をかなえる仕事が、高齢者《こうれいしゃ》の夢をかなえる仕事に変わった。

## プロフィール

**1965年** 1965年生まれ。神奈川県出身。3人きょうだいの長男。会社員の父、専業主婦《せんぎょうしゅふ》の母は障害《しょうがい》者《しゃ》や高齢者のボランティアに関心があり、毎週末ボランティアに出かけ、知的障害者のグループホームなども運営していた。

**1988年** 横浜国立大学教育学部《よこはまこくりつだいがくきょういくがくぶ》卒《そつ》。1990年、筑波大学《つくばだいがく》大学院環境科学研究科《だいがくいんかんきょうかがくけんきゅうか》(当時)修了《しゅうりょう》。同年、駿《すん》台《だい》アイルランド国際学校に教諭《きょうゆ》として赴任《ふにん》。「全寮制《ぜんりょうせい》で、土日もなく生徒たちと密《みつ》な交流をしました」。

駿台アイルランド国際学校に教諭として赴任した若山さん

**1994年** 茨城県の常総学院高校に就職《しゅうしょく》。物理・化学を教える。

**1999年** 教師をやめ、社会福祉法人「心の会」を設立。グループホームやデイサービスなどの運営に乗り出す。

★クローンマウス研究で知られる実弟・若山照彦《わかやまてるひこ》氏を描《えが》いたノンフィクション『リアル・クローン』(小学館、2000年刊)で第6回小学館ノンフィクション大賞(当時は21世紀国際ノンフィクション大賞)優秀賞《ゆうしゅうしょう》を受賞。自身もチワワ3匹《びき》を飼い、コロナ禍《か》前は一緒《いっしょ》に旅行にも行った。

**ペット同伴《どうはん》の特養をつくったのも、そうした「あきらめない福祉《ふくし》」「当たり前の福祉」の延長線上《えんちょうせんじょう》にある。**「おいしいものを食べたい、旅行に行きたい、というのと同じです」。

この10年、ペットは多くの「奇跡《きせき》」をもたらした。保護犬だった文福《ぶんぷく》は、人が亡《な》くなる時期を察して寄り添《そ》う。「自分が殺処分寸前《さっしょぶんすんぜん》までいったので、人の死に敏感《びんかん》なのでしょうか」。

ある認知症《にんちしょう》の女性は文福を可愛がる中で、忘れていた息子の顔を思い出した。ほかの犬や猫《ねこ》も、認知症の人たちの表情を豊かにした。ペットが介在《かいざい》することで入居者とスタッフ、地域住民《ちいきじゅうみん》との関係も円滑《えんかつ》になったと感じる。「ペットは大切な家族。最期まで家族といられる、という当たり前のことを実現するために、努力したい」。

入居者の野澤冨士子《のざわふじこ》さんの愛犬ミックと戯《たわむ》れる。早咲《はやざ》きの桜も見られ、穏《おだ》やかな空気が流れる＝神奈川県横須賀市《よこすかし》の「さくらの里山科」

若山《わかやま》三千《みち》彦《ひこ》さんに 聞いてみよう

Q

**ミニチュアダックスフントを飼っていた男性の死が、今の取り組みにつながったとか。**

A

その男性もこれまでの人生で、楽しいことも良いこともたくさんあったと思います。しかし、人生の最後の半年間を「家族を殺してしまった」と自分を責め続けて亡《な》くなった、というのは、高齢者福祉《こうれいしゃふくし》として間違《まちが》っていると思ったんです。

提供《ていきょう》する側が変えないといけないと思いました。**本来豊かな人生の最後をサポートするのが、介護《かいご》だからです。**

## Q ペットはどのように生活しているのですか？

A

4階建て施設《しせつ》の2階部分がペット専用《せんよう》フロアになっています。

うちのホームは「ユニット型」と呼《よ》ばれ、1ユニットは10LDKのマンションのイメージです。個室10室にリビングやキッチン、トイレ、風呂《ふろ》などの共用部がある。2ユニット20人に犬9匹《ひき》、2ユニット20人に猫《ねこ》9匹が暮《く》らします。

犬猫ユニット内は、それぞれ自由に行き来できるようにしています。飼い主以外の入居者とふれあうことも多いのです。

## Q 実際やってみて、ご苦労はなかったですか？

A

手間が増えないといえば、うそになります。えさやりや糞尿《ふんにょう》の処理《しょり》、犬の散歩やホーム内のドッグランで走らせること……。犬の散歩やトリミングは、幸い地域《ちいき》のボランティア約20人が手伝ってくれます。

また、保護犬や保護猫《ほごねこ》だったホームの犬猫は、えさ代や医療費《いりょうひ》がかかります。うちは病気などがあってなかなか飼い主が見つからない子を優《ゆう》先的《せんてき》に引き取るようにしているので、医療費もかかるんです。

クラウドファンディングで、医療費を補填《ほてん》したこともありました。犬ユニットは職員も増員しているので、その分、人件費もかかります。

Q
## ほかの特別養護老人ホーム（特養）には、なぜ広がっていかないのでしょうか？

A
手間の問題もありますが、ニーズの問題が大きいと思います。

特養に入るのは要介護《ようかいご》3以上、80代後半以上の方が多い。80代後半以上だと、いまの70代前半にあたる団塊《だんかい》の世代ほどは、ペットとなじみがある方が多くはないようです。

団塊の世代が85歳《さい》ぐらいになると、ペット同伴特養《どうはんとくよう》のニーズがもっと増えてくるのかもしれません。概《がい》して要介護度が軽く、年齢層《ねんれいそう》も低い有料老人ホームでは、ペットOKのところが増えているようですが。

## Q 福祉《ふくし》の道に入られたのは、お父様とお母様の誘《さそ》いがあったからですね。

## A

はい。実はそのころ、教師をしていた高校で大きな出来事がありました。担任《たんにん》で受け持っていた女子生徒を交通事故で亡《な》くしたのです。クラスメートたちは「彼女《かのじょ》の分まで頑張《がんば》ろう」と朝から晩まで猛勉強《もうべんきょう》。私《わたし》もずっと一緒《いっしょ》にいて、勉強を教えていました。

結果、全員が希望通りの大学に合格しました。クラスの一体感がすごかった。もうこれ以上のクラスに出会うことはない、と思いました。**人生の「教師」というパートが終わったような気がした**のです。ちょうどそのころ、父母からSOSが出て、転職しました。

Q

## 介護福祉《かいごふくし》の仕事はいかがでしたか？

A

最初はわからないことばかりでしたが、**自分なりの理想の介護、つまり「あきらめない介護」を目指しました。**

遠方の旅行に連れて行ったり、近くの居酒屋に行ったり。ホーム内でも季節の料理を出すなど、楽しんでもらいました。

Q

## ペット同伴《どうはん》の取り組みは、やってよかったですか？

A

そう思います。

印象に残っている独居《どっきょ》男性がいます。重度の認知症《にんちしょう》で、犬を飼っていました。職員にもいろいろ「クレーム」を言う方でした。神奈川県横須賀市《よこすかし》から頼まれ、面倒《めんどう》をみることになりました。

その後、愛犬は亡《な》くなりました。どれだけ取り乱《みだ》すかと心配したのですが、しっかり看取《みと》ってあげたので、悲しみながらも満足されたようです。これだけでも、ペット同伴《どうはん》の取り組みをして本当によかった、と思います。

ほかにも、認知症《にんちしょう》の人の表情が豊かになったり、関節が硬くなる「拘《こう》縮《しゅく》」という症状《しょうじょう》が改善《かいぜん》したり、といったことがありました。

コロナ禍《か》でストレスがたまる入居者やスタッフの癒《い》やしにもなっています。同時に、犬の散歩などを通じ、地域《ちいき》に開かれたホームになってきていると思います。

## Q 今後の夢や目標は？

A

ペット同伴の特養や介護施設《かいごしせつ》がもっと増えてほしい、と思います。そのための支援《しえん》やサポートはしたいと思います。

同時に、介護施設を舞台《ぶたい》にした小説を書きたい。以前、当ホームを舞台にした実話『看取り犬・文福　人の命に寄り添《そ》う奇跡《きせき》のペット物語』（宝島社《たからじましゃ》）を書きましたが、その続編も書きたいのです。

病院は舞台になることが多いのに、特養は舞台になることがほとんどありません。もっと介護施設での感動秘話《かんどうひわ》を多くの人に知ってほしいと思います。


新聞掲載：2022年3月19日

## ペットセラピーには どんな効果があるの？

動物とのふれあいを通じて癒《い》やしを得ることを「アニマルセラピー」と言う。ペットを飼うこともその一種で、とくに犬や猫《ねこ》、うさぎなどの情緒性《じょうちょせい》の高い哺乳類《ほにゅうるい》が適しているとされている。

その効果はさまざまな数字にも表れてきており、ペットを飼っている人は飼っていない人より年間20％前後病院に行く回数が減ったというデータも。とくに高齢者《こうれいしゃ》に与《あた》える影響《えいきょう》は大きく、認知症高齢者《にんちしょうこうれいしゃ》の情緒の安定、生活の質の向上（日本認知症予防学会誌《にほんにんちしょうよぼうがっかいし》）、会話や笑顔が増えるといった事例が増えている。

自然と
共存《きょうぞん》する
7

# 狩《か》ることは生きることにつながる

探検家《たんけんか》・作家
角《かく》幡《はた》唯《ゆう》介《すけ》

# 極地で文明を哲学《てつがく》する「雪男」

1月半《なか》ば、グリーンランドの北極に近い小集落シオラパルクに、今年も村人から「カクハタ」と呼《よ》ばれる日本人探検家《にほんじんたんけんか》がやってきた。飼い主不在の間、つながれっぱなしだった犬たちを鍛《きた》え、犬ぞりの旅の準備を始める。

自著《じちょ》『狩《か》りの思考法』（清水弘文堂書房《しみずこうぶんどうしょぼう》、2021年）に、カクハタはこう記している。

《近代登山だろうと極地探検だろうと、冒険《ぼうけん》という言葉でくくられる行為《こうい》はすべてかつての狩猟民時代《しゅりょうみんじだい》の生活の追体験だというのが、私《わたし》の持論《じろん》だ》

「極夜行」では、寒さと飢《う》えと暗闇《くらやみ》にさいなまれる旅の過程で「人間と犬が共存《きょうぞん》をはじめた原始の関係」へと思いを深めていく＝グリーンランド・シオラパルク、故・山崎哲秀《やまさきてつひで》さん撮影《さつえい》

《北極圏《ほっきょくけん》に毎年通うのも、やはり死が隠蔽《いんぺい》された日常的な生活への飽《あ》き足りなさが根底にあったからだ》

**コロナ禍《か》は、文明社会が隠《かく》してきた死をあらわにし、非日常の象徴《しょうちょう》としての「探検《たんけん》」の意義さえも揺《ゆ》るがした。**それでも陽光の乏《とぼ》しい極夜の村で、今年も海象《せいうち》や海豹《あざらし》の肉を調理し、白熊の毛皮の防寒ズボンを手縫《てぬ》いし、犬たちの成長をツイッターで発信する。

## ■イヌイットの暮《く》らしを見つめて

イヌイットの人々が暮らすこの村で、カクハタは「初めての日本人」ではない。50年ほど前、冒険家《ぼうけんか》の植村《うえむら》直己《なおみ》さんがこの地を訪《おとず》れた。同じ頃《ころ》に来た大島育雄《おおしまいくお》さんは定住して家庭を築き、猟師《りょうし》をしている。先輩探検《せんぱいたんけん》

**ここが気になる！**

### イヌイットの人たちはどんな暮らしをしているの？

イヌイットとは、アラスカからグリーンランドまでの北極圏一帯に住んでいる先住民族。遥《はる》か昔よりアザラシやクマなどを狩《か》り、その肉を食べ、皮で衣服を作るという狩猟生活を続けている。現代は祖先から受け継《つ》がれてきた生活様式と、グローバル化や気候変動によってもたらされた外部からの変化が複雑に絡《から》まり合った中で、進むべき道を模索《もさく》している。

家《か》の山崎哲秀さんも、村に溶《と》け込《こ》んでいた。

「うちの犬たちはグリーンランド最強集団かも」と訓練しつつ悦《えつ》に入るカクハタだが、「大島さんと山崎さんに笑われそう」なので言わないでいる。

## プロフィール

**1976年** 北海道芦別《あしべつ》市《し》で、スーパーマーケットを経営する家に生まれる。子ども時代、恐竜《きょうりゅう》や考古学、テレビ番組「川口浩探検隊《かわぐちひろしたんけんたい》」などに興味を持つ。「お金はモノを買う手段《しゅだん》で、人生の究極の目的にはなり得ない。俺《おれ》はすげえ冒険をして、すげえ美女と結婚《けっこん》する」と考えていた。

**1995年** 早稲田《わせだ》大学入学《だいがくにゅうがく》。翌年《よくねん》、探検部に入部。

**2003年** 朝日新聞社記者に。退社後《たいしゃご》、『空白の五マイル』『雪男は向こうからやって来た』（集英社）を執筆、その後も話題作を次々に刊行。「かなりおもしろかったです！」とメールで自著《じちょ》へ賛辞をくれた女性と2012年に結婚。

**2013年** 『極夜行《きょくやこう》』（文藝春秋）が、大佛次郎賞《おさらぎじろうしょう》などを受賞。

★妻、長女（愛称《あいしょう》ペネロペ）、長男（愛称エドワード）の4人家族。

角幡唯介《かくはたゆうすけ》さんと長女のツーショット

村にも店があり、消費文化が浸透《しんとう》し、誰もがスマホを持つ。福祉《ふくし》が手厚く、飢《う》えるほどの困窮《こんきゅう》はない。自然保護のため、狩《か》りには頭数制限が設けられている。

極地の厳《きび》しい自然を生き抜《ぬ》いてきた証し、誇《ほこ》りであったイヌイットの狩猟文化《しゅりょうぶんか》は、存在意義《そんざいいぎ》が薄《うす》れつつある。そんなとき、なにか言ってあげたくなるような日本人が現れた。

村人からのアドバイスは様々だ。「犬にはドッグフードじゃなく海象の肉をやらなきゃ」「イヌイットら

グリーンランドへ出国直前の自宅《じたく》の裏山《うらやま》で。「家族は毎春、この山のタケノコを食べるらしい。極地にいる僕《ぼく》はその味を知らない」＝神奈川県鎌倉市《かまくらし》

しい旅をしろ」「木は1本1本強度が違《ちが》うから、釘《くぎ》を打つ場所も角度も違う」「天気予報に頼《たよ》るな。空や氷の状態を自分の目で判断しろ」「昨日通用した方法が明日うまくいくとは限らない。未来のことを考えたらダメだ」等々。

大学時代、探検部《たんけんぶ》に入部。「**人と違《ちが》う生き方をしたい。社会に染《そ》まらずに社会を客観化したい**」という思いがあった。

2008年、新聞記者をやめて「雪男捜索隊《ゆきおとこそうさくたい》」に参加し、チベットのツアンポー峡谷《きょうこく》の過酷《かこく》な旅をつづった『空白の五マイル』（2010年）で開高健ノンフィクション賞などを受賞。以後、数々の著作《ちょさく》で受賞歴を重ねても、この「雪男」は「天狗《てんぐ》」にならない。ただ旅と狩りをし、現代を哲学《てつがく》し、書き記す。

角《かく》幡《はた》唯《ゆう》介《すけ》さんに聞いてみよう

Q

## 旅や探検《たんけん》に支援者《しえんしゃ》、スポンサーなどは？

A

基本的に自腹《じばら》です。若《わか》い頃《ころ》の探検では両親に借金したけど、新聞記者時代の給料で返しました。今は**渡航費《とこうひ》、滞在費《たいざいひ》、犬ぞりの犬のエサ代など年間３００万円**かかります。出版や雑誌《ざっし》の執筆料《しっぴつりょう》などで賄《まかな》えています。

Q

## 記者時代には、どんな取材をしてましたか？

A

たとえば埼玉・熊谷の支局にいたとき、「東京湾《とうきょうわん》に潜《もぐ》りたいな」と思いつきました。「熊谷と東京湾、つなぐものはないか。そうだ、荒川《あらかわ》だ！」と。**「都市河川を探る」と銘《めい》打《う》った連載《れんさい》を企画《きかく》し、東京湾に潜り、下水道の奥《おく》に入り込《こ》みました。**

行き当たりばったりというか、計画性がないんですよ。記憶力《きおくりょく》も悪いし、見通しも甘《あま》いし。

だけど、いざ探検が始まると、気を張っているせいか、致命的《ちめいてき》なミスは起こらない。日常生活では、飛行機の日付を間違《まちが》えたり、忘《わす》れ物をしたりして、妻にあきれられます。

Q

# チベットの秘境《ひきょう》に挑《いど》んだ後、今度は極地へ。なぜ？

A

死なずに帰って来られたのに、しばらくするとまたこう思ったんです。もっと死に近づけたんじゃないかと。さらに過酷《かこく》な場所を探《さが》す中で「極地」という次の選択肢《せんたくし》が浮《う》かびました。

だけど2011年の最初の北極の旅は、GPS、テクノロジーを使って計画通りに進めようとしたせいで、表面をなぞるような感覚が強かった。「どうやれば北極の環境《かんきょう》と調和した旅ができるか」がそれ以降《いこう》のテーマになっています。

**土地の条件をうまく使えた旅は一見、遠回りでも実は合理的で、喜びがある。**犬ぞりと狩《か》りを始めて、強くそれを実感します。

Q
## 旅に「狩り」の要素が加わったのは、なぜ？

A
「狩り」が楽しいって、「殺し」が楽しいってことなんです。認《みと》めがたいですが。

**でも狩ることは生きることにつながる。狩りを楽しいと感じなければ、生き残れなかったとも言える。**そういう不都合な事実を見ないで済《す》むシステムを、文明社会は作り上げました。

北海道でも、鹿狩りを始めたんです。不自然な動きをすれば鹿に気取られ、逃《に》げられる。森と調和できた時、森からの祝福として、鹿が死ぬ。近代的な自然保護の観点では説明できないのです。だけど自然の中で生きるって、そういうことなんじゃないかと思います。

Q

# 極地の狩《か》りも同じですか？

A

殺しと食とが直結しています。氷に開いた穴《あな》に鼻を出して息をする海豹《あざらし》を撃《う》ち殺すと、虚《うつ》ろな目の死体は村へと運ばれ、切り裂《さ》かれて肉片《にくへん》となり、その場で人々の口に入ります。死を隠蔽《いんぺい》するシステムは介在《かいざい》しません。**死んだ動物の目が、俺《おれ》はこの動物を殺すほど生きるに値《あたい》するのか、問うてくるのです。**この矛盾《むじゅん》を思考することが人間の知性の第一歩だったのでは、とさえ思います。

網《あみ》で海鳥を捕《と》って、心臓《しんぞう》をつぶして殺し、発酵《はっこう》させて食べる「キビヤ」という食べ物も毎年作ります。美味《うま》いんですよ、これが。

## Q 村人の感覚は「システム」の外側にある？

A

彼《かれ》らは「わからない」という意味に近い「ナルホイヤ」、「たぶん」に近い「アンマカ」といったイヌイット語をよく使います。マニュアル的なものを持たず、犬ぞりも、狩りの道具も、自分の頭を使って、自分だけのやり方を見つけて作り上げます。そのとき、その場の最適解が得られるからです。**マニュアル化すると、目の前の状況《じょうきょう》と合わない部分が必ず出てくるのです。**

## Q 旅や執筆《しっぴつ》を社会活動につなげるようなことは？

A

僕《ぼく》の場合、新しい旅を始める動機は、旅の経験の蓄積《ちくせき》から生まれます。外の目を意識して自分の行動を「編集」すると、やりたいことと実際の行動とがズレて、むなしくなります。行動の責任は、社会でなく、自分自身に対して負う。社会的な理由を無理にこしらえる必要もないと思っています。

ただ自分が身を置いた状況《じょうきょう》や環境《かんきょう》を伝えたくて、自分の中から言葉を探《さが》し、まとめます。ノミを打ち付ける彫刻《ちょうこく》のように。

執筆《しっぴつ》も旅と同じで、僕にとってはプロセスが面白いんです。それじゃあ、出来上がった文章を他人が読んで面白いのかというと……自信ないです。

**映像《えいぞう》で撮《と》った方が伝わる情報は多いです。けれど「書く」行為《こうい》には「伝える」以上のものがあります。**僕の行動と北極が本当に調和的になったとき、僕の旅や文章は、北極そのものを体現したものになるのかもしれません。

Q

# 極地への移住を考えたりしますか？

A

「生活をしたい」という考えが僕の中で大きくなっています。年齢《ねんれい》や体力のことがあるのか、あるいは旅に飽《あ》きてきたのか。大島育雄《おおしまいくお》さんのように、**狩《か》りと旅と生活が日々、一致《いっち》している生き方が理想なんですよ。**

極地で飼っている犬たちを連れてきて、家族と北海道に移住し、狩りと生活を両立ができないか模索《もさく》中で、妻との緊迫《きんぱく》した話し合いが続いています。意外と人生の大変化を目前に控《ひか》えているのかもしれないな。


新聞掲載：2023年3月11日

Column もっとくわしく知りたい!

リアルな現場の最前線

## 冒険《ぼうけん》するための費用は どのように稼《かせ》いでいるの?

日本を代表する冒険家と言えば、植村直己《うえむらなおみ》がいる。1970年世界最高峰《せかいさいこうほう》のエベレストに日本人で初めて登頂《とうちょう》、また、北極点単独犬ゾリ到達《とうたつ》など、世界初の偉業《いぎょう》を成し遂《と》げているが、そんな彼《かれ》でも資金集めに奔走《ほんそう》した。当時の主な手段《しゅだん》は本の出版や講演、テレビ出演など企業《きぎょう》に頼《たよ》ることが多かったが、近年、インターネットの普及《ふきゅう》により、SNSや「クラウドファンディング」を通して直接《ちょくせつ》支援者《しえんしゃ》からお金を集められるようになった。中でも登山家の栗城史多《くりきのぶかず》(2018年エベレスト登山中に死去)は高所登山の様子を生中継《なまちゅうけい》、その体験を共有することで熱狂的《ねっきょうてき》なファンを生み、支援につながった。

自然と
共存《きょうぞん》する
8

# 動物たちの苦しみを効果的に減らしたい

アニマルライツセンター
岡田千尋《おかだちひろ》

# 動物の苦しみを減らすために

千葉県北部、田畑に囲まれたのどかな一画に建つ自宅《じたく》を訪《たず》ねると、7羽の鶏《にわとり》がにぎやかに出迎《でむか》えてくれた。「捨《す》て鶏」だった雄《オス》1羽をのぞいて皆《みな》、ほとんど身動きができない狭《せま》さの「バタリーケージ」に詰《つ》め込《こ》まれ、卵《たまご》を産ませ続けられていた鶏たち。食肉処理《しょくにくしょり》される直前に保護された。「来た当初はみんな、ぼろぼろだった」という。

たとえば最初に保護した雌《メス》の「リリ」。全身の毛が抜《ぬ》け、尻尾《しっぽ》は骨《ほね》がむき出し。ケージで体がこすれ、あちこちすり切れていた。「**採卵鶏《さいらんけい》の生活がいかに過酷《かこく》かわかります**」。

保護された鶏たちは、やって来て２カ月ほどで健康を取り戻《もど》し「フサフサになった」という。
名前を呼《よ》ぶと駆《か》け寄ってくる＝千葉県北部の自宅

NPO法人「アニマルライツセンター（ARC）」の代表になって20年。**「畜産《ちくさん》動物はペットなどと比べても飼育数が最も多く、動物のなかで最もひどい扱《あつか》いを受けている」**と話す。

そんな畜産動物たちのアニマルウエルフェア（動物福祉《どうぶつふくし》）を向上させようと、この分野の活動をリードしてきた。

海外の法制度を調べあげ、日本の飼育実態を追及《ついきゅう》する。消費者を啓発《けいはつ》し、署名《しょめい》を集め、卵《たまご》や食肉を扱《あつか》う食品メーカーや小売りチェーン、飲食店などと交渉《こうしょう》する。
めざしてきたのは主に二つ。一つは、**採卵鶏《さいらんけい》のケージ飼育からの解放。**もう一つは、**母豚《ぼとん》を種付け前後から出産まで114日程度、自分の体と同じくら**

## プロフィール

**1978年** 静岡県生まれ。父母と姉の4人家族に育つ。自宅では犬を飼っていた。

★高校では新聞部に所属。3年生の時にペット特集を手がけ、ペットショップや保健所を取材した。

★成城大学に入学。動物実験について調べ、「自分が使っている化粧品《けしょうひん》の背景に実験動物の犠牲があったと知り、さらなる衝撃《しょうげき》を受けた」。

**2001年** 新卒でアニマルライツセンター（ARC）に就職。

**2003年** ARCの代表が逮捕《たいほ》される。急きょ代表に就任《しゅうにん》。

中学生の頃。自宅で飼っていた犬と＝岡田千尋さん提供

高校では新聞部に所属。新聞部の部室で＝岡田千尋さん提供

**2004年** ARCの資金繰《ぐ》りが悪化したため、活動はボランティアで続けつつ、WEB関連会社に就職。「今後の活動に生かせる」と考え、WEBのデザイナーからプロデューサー、営業までなんでもこなした。

**2015年** 地道な啓発活動が成果をあげて安定的な寄付収入を得られるようになり、ARCの専従に復帰した。

**いのスペースで飼育する施設《しせつ》「妊娠《にんしん》ストール」の廃止《はいし》。**「EUを中心に、ケージフリーやストール廃止の動きが加速している。でも日本では、当たり前のこととして行われている」。

## ■動物尊重《そんちょう》の社会へ

子どもの頃《ころ》から動物の苦しみに敏感《びんかん》だった。小学校で習う社会科の資料集に、たくさんの牛が貨物船に詰《つ》め込《こ》まれている写真が載っていた。「命がモノのように運ばれている」と衝撃《しょうげき》を受けた。高校では新聞部でペット特集を手がけ、犬猫《いぬねこ》殺処分《さっしょぶん》の実態を知った。大学に入ると、普及《ふきゅう》しつつあったインターネットを使い、化粧品《けしょうひん》開発のための動物実験について調べた。

**「動物の命を奪《うば》う行為《こうい》が社会システムの中に組み入れられている。でも私たちには、ほとんど何も知らされていない」**。危機感《ききかん》が募《つの》り、2001年に大学を卒業すると、ARCへの就職《しゅうしょく》を選択《せんたく》した。

２０２３年５月半ばの平日、その姿《すがた》は東京・丸の内にあった。環境《かんきょう》や社会問題に配慮《はいりょ》する「ＥＳＧ投資」の一環で動物《どうぶつ》福祉《ふくし》に関心を持つ、外《がい》資《し》系《けい》金融《きんゆう》大手ＪＰモルガンの社員向け講演会に登壇《とうだん》するためだ。

「世界では動物福祉に配慮《はいりょ》する企業《きぎょう》に優先的《ゆうせんてき》な投資を行う潮流《ちょうりゅう》が生まれている。法制度が整備されていない日本では、企業のコミットメントが特に重要になる」。そんなふうに訴《うった》えた。

動物の苦しみを効果的に減らして

外資系金融大手JPモルガンの社員向け講演会に登壇した岡田千尋さん。「動物福祉への取り組みの遅れは、海外での企業活動の足かせになる」などと話した＝東京都千代田区、太田匡彦撮影

いきたい。そのために、現状を少しずつでも動かしていく。

岡田千尋《おかだちひろ》さんに聞いてみよう

Q

**広島での主要7カ国首脳会議（G7サミット）にあわせて声明を出しましたが、どうしてですか？**

A

英国王立動物虐待《ぎゃくたい》防止協会（RSPCA）など欧州《おうしゅう》の団体との共同声明です。特に鶏《にわとり》のケージ飼育の問題を訴えました。

米国では、ケージで飼育される鶏の割合《わりあい》が2016年には90％でしたが、今後5年間で30％程度まで減少すると予測されています。

欧州ではより大きな変化が起きていて、EUは特に残酷《ざんこく》なバタリーケージを12年に禁止し、ほかのすべてのケージ飼育も27年までに廃止《はいし》する規制の導入を約束しています。

ところが**日本では、採卵養鶏農家《さいらんようけいのうか》の9割《わり》以上がバタリーケージ飼育。大きく後れを取っています。**G7サミットの日本開催《かいさい》を機に、政府に考えを改めてほしいと考え、声明を出しました。

## Q バタリーケージにはどのような問題があるのでしょうか？

**A** ほとんど身動きができない状態で飼育されるので、健康にも影響《えいきょう》が出ます。翼《つばさ》や脚《あし》の骨《ほね》は、平飼いに比べて確実に細くなります。

また、ほかの飼育方法に比べて鶏の死亡率《しぼうりつ》が高くなったり、内臓《ないぞう》や糞《ふん》からサルモネラ菌《きん》が検出される頻度《ひんど》が高くなったりするという研究報

ここが気になる！

### 豚《ぶた》や牛はどのような飼育環境なの？

豚の場合、子を産むために飼育される母豚は1頭ずつ「ストール」という檻《おり》に入れられ、一生のほとんどをそこで過ごす。受胎《じゅたい》や流産の確認、えさの管理がしやすいためだ。ストールは狭《せま》く歩くことも方向転換《てんかん》もできないため、ストレスで異常行動《いじょうこうどう》をとる豚がとても多い。また、多くの搾乳用《さくにゅうよう》の牛は、チェーンやロープでつなぎとめられた状態で牛舎《ぎゅうしゃ》で飼育されている。

告もなされています。
継続的《けいぞくてき》にかかる強いストレスが原因と考えられています。ストレスはほかの鶏《にわとり》への攻撃《こうげき》行動《こうどう》につながるため、クチバシの切断も行われます。
そもそも鶏は寄生虫を落とすために砂浴《すなあ》びを好み、１日１万回以上地面をつついて餌《えさ》を探《さが》し、止まり木にとまって眠《ねむ》り、群れで生きる社会性を持った動物。**身動きできないケージに閉《と》じ込《こ》めて飼育することは、明らかに動物福祉《どうぶつふくし》に反しています。**

**Q**

**アニマルライツセンター（ＡＲＣ）はもともと、主としてペットや実験動物の問題に取り組む団体でした。詳しく教えてください。**

**A**

ＡＲＣの創設《そうせつ》は１９８７年です。私が新卒《しんそつ》で就職《しゅうしょく》した頃《ころ》は、まさにそのような活動をしていました。

都内で捨《す》て犬・捨て猫の保護施設《ほごしせつ》を運営していましたし、動物実験に反対する活動に力を入れていました。

でも当時の代表が2003年、動物実験施設に関する事件で逮捕《たいほ》され、責任を取って辞任。急きょ私が代表を務めることになり、畜産動物《ちくさんどうぶつ》の問題にシフトする決断をしました。

もともと、畜産動物は最も数が多く、最もひどい扱《あつか》いを受けているのに、日本ではこの問題に取り組む動物愛護団体《どうぶつあいごだんたい》がほとんど見当たらない……という問題意識を持っていました。

## Q それで鶏《にわとり》と豚《ぶた》の問題に取り組み始めたとか。

**A** 個人的には、ある県に毛皮農場を視察《しさつ》しに行った際《さい》、たまたま公道から中の様子がよく見える養豚場《ようとんじょう》があり、初めて妊娠《にんしん》ストールを目の当たりにしました。

たくさんの母豚が、振り向くこともできない完全な拘束《こうそく》状態で、キーキーと鳴き声をあげていました。言葉が出ませんでした。本格的に、鶏のバタリーケージと豚の妊娠ストールの廃止《はいし》を訴《うった》え始めました。

## Q 活動の手応えは？

**A ケージ飼育された鶏《にわとり》の卵《たまご》を使わない「ケージフリー宣言」をする企業は、大手の外食チェーンや外資系《がいしけい》ホテルなど約２４０社（２０２３年６月当時）** にのぼります。

豚の妊娠ストールについても、食肉加工大手の日本ハムが２０１９年に初めて私たちとの交渉《こうしょう》に応じてくれました。ＥＳＧ投資の観点から機関投資家によるプレッシャーなどもあって、30年度までの妊娠ストール廃止を決定しました。この英断に、同業他社も多くが追随《ついずい》する姿勢《しせい》を見せています。

消費者の意識も、少しずつであっても確実に変わってきました。10年前には、食品売り場で畜産動物《ちくさんどうぶつ》の福祉《ふくし》向上を考えるような人はほとんどいませんでした。ところが今や、平飼い卵が選択肢《せんたくし》に入り始めています。

## Q 2021年には「鶏卵汚職」事件で元農水相らが贈収賄《ぞうしゅうわい》の罪で在宅起訴《ざいたくきそ》されました。どう思いましたか？

A

動物福祉向上をめざす動きをつぶすために、大手鶏卵生産会社が政治家にカネを渡して頼《たよ》る時代が来たのかと、ある意味感慨深《かんがいぶか》いものがありました。世界的な潮流《ちょうりゅう》に、法を犯してまで抵抗しようとする動きであり、本当に情けないことです。

一方で、畜産動物《ちくさんどうぶつ》についての法規制がこれほどないままの国も珍《めずら》しいです。先進国どころか、アジア諸国や南米諸国と比べても、出遅《でおく》れてしまっています。

Q

## ご自身はビーガンです。活動の方向性として、動物の利用を前提としない「動物の権利」に踏《ふ》み込むつもりは？

A

食品も含めてできる限り動物性の製品を利用しないビーガンであることは、個人のライフスタイルです。個人のライフスタイルと、団体としての活動を混同するようなことはあってはなりません。

ＡＲＣの活動は、動物たちの苦しみを効果的に減らしていこうというもの。ビーガンになることをすすめてはいません。

ただ社会の持続可能性を考えても、動物福祉《どうぶつふくし》に配慮《はいりょ》すると同時に畜産物の利用を減らしていくことは重要です。動物を尊重《そんちょう》できる社会をめざすという意味で、動物の福祉と動物の権利はつながっているのです。

新聞掲載：2023年6月10日

## アニマルライツセンターの その他の活動について知りたい

アニマルライツセンターが提唱《ていしょう》するのは「アニマルウェルフェア」だ。これは動物が生まれてから最期を迎える瞬間まで、動物本来の習性や行動に配慮《はいりょ》した飼育管理を行い、できる限りストレスや苦痛を減らそうというもの。本文で紹介した「ケージフリー」の活動は、養鶏場《ようけいじょう》といった飼育の現場だけでなく、卵《たまご》や肉を使った食品加工を行う企業《きぎょう》の賛同を求める活動に特徴がある。大手企業が動けば、それが全体の動きになって影響力があるからだ。また、廃業《はいぎょう》する養豚場からと畜《ちく》予定だった8頭の豚を保護するなどのボランティア活動も行っている。

自然と
共存《きょうぞん》する
9

# 言葉に詰《つ》まってもいい社会にしたい

九州大学病院耳《じ》鼻《び》咽《いん》喉《こう》・頭《とう》頸《けい》部《ぶ》外科　外来医長
菊《きく》池《ち》良《よし》和《かず》

# 吃《きつ》音《おん》ドクターが伝えたいこと

九州大学病院3階の耳鼻咽喉《いんこう》・頭頸部《とうけいぶ》外科の診察室《しんりょうしつ》。多い日は200人超《ちょう》の患者《かんじゃ》が訪《おとず》れる外来の医長を務めるが、患者の言葉を急がせはしない。**初めの言葉に詰《つ》まったり繰《く》り返したりする吃音《きつおん》で困《こま》っていることは何か、学校や職場でどんな支障《ししょう》があるか。**じっくり耳を傾けながら、こう伝える。

「どもっていてもいいんですよ」。

吃音診療《きつおんしんりょう》を始めて約10年。全国から訪れる約500人の患者と向き合ってきた。「人生が変わった」「吃音があっても生きていけると思えた」。そう話す患者やその家族も少なくない。

「吃音の悩みは過小評価されてきた。学校や職場で差別的な対応を受け、命を絶つことさえ考える人も多い」。

## ■医師がいないなら、自分がなる

**自身も幼《おさな》い頃《ころ》から、吃音がある。**

小学生のとき、朝の健康観察で「はい元気です」の初めの「は」が出てこない。日直の号令や国語の音読が回ってくるのは恐怖《きょうふ》だった。

自ら話しかける場面を避《さ》け、吃音が出にくい言葉に言い換《か》えたり、笑顔でごまかしたりした。

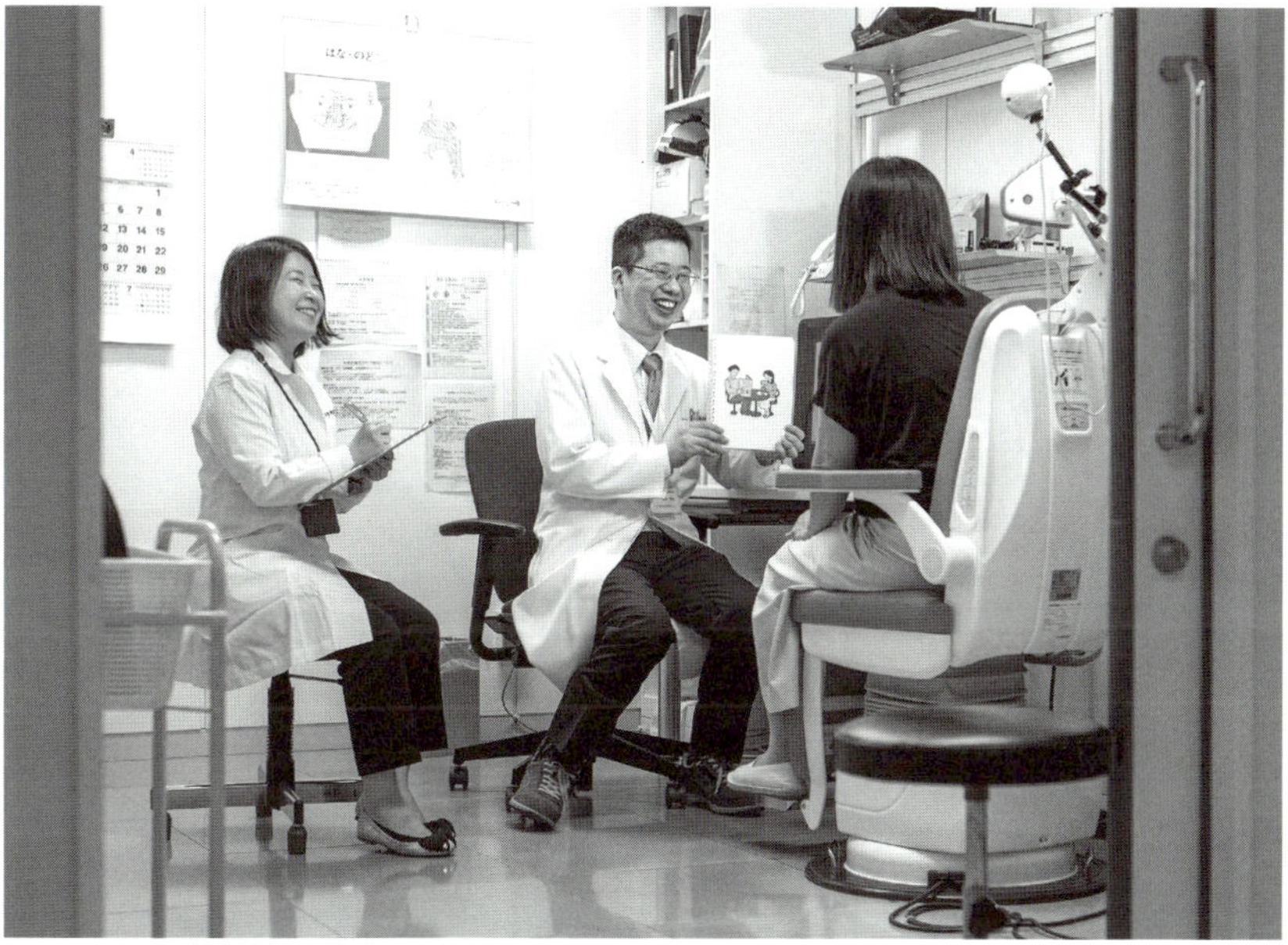

吃音診療は言語聴覚士《げんごちょうかくし》の山口優実《やまぐちゆみ》さん（左）らとチームで進める。「多忙《たぼう》の中でもイライラするのを見たことがない。相談しやすく、とても働きやすい」と山口さん＝福岡市東区の九州大学病院

中学1年の頃《ころ》、吃音《きつおん》を診《み》る医師がいないなら自分がなろう、と決意。九大（九州大学）を選んだのは入試に面接がなかったからだった。

2浪《ろう》して狭《せま》き門をくぐったが、吃音を専門的《せんもんてき》に学ぶ機会はなかった。吃音を治したいと、アルバイトで稼いだ20万円で矯正教材《きょうせいきょうざい》を買った。

転機は大学3年。自助グループ「言友会《げんゆうかい》」に入り、吃音の悩《なや》みを初めて分かち合えた。吃音を隠《かく》さず話すうち、**「吃音は治すべきもの」と思うことこそが悩《なや》みの出発点だと気づいた。**「吃音を悪いと思っていると、吃音が出たときに劣等感《れっとうかん》や自己嫌悪《じこけんお》を抱《いだ》く。さらに話すことへの不安が増し、人と会うのが怖《こわ》くなる悪循環《あくじゅんかん》に陥《おちい》る」。

研修医を終えた直後に米国の専門家が書いた本と出会い、大学院の博士課程で吃音と脳《のう》の関係を調べる研究を始めた。あまり前例のない分野の研究だったが、「君にしかできないことを」と、教授が背中《せなか》を押《お》してくれた。

だがその頃《ころ》、脳出血《のうしゅっけつ》で倒《たお》れ意識不明の重体に。一命はとりとめ、約4カ月のリハビリで右半身の機能も回復した。「生きているうちに吃音について正しい情報を伝え、周囲の人の理解を進めたい」。2012年に大学病院に復帰して

## プロフィール

**1978年** 山口県下関市生まれ。3兄弟の次男で自分だけ吃音があった。小学生の頃は国語の音読が苦痛でたまらず、教室を飛び出したこともあった。

★中学時代は陸上部に所属。大会の走り高跳びで1位になったことも。寝る間を惜しんで猛勉強を続けたのは「医師になる目標に加え、自分への強い劣等感があった」から。

吃音に悩んでいた中学生のころの菊池良和さん＝本人提供

★鹿児島のラ・サール高校に進学。吃音を隠してきたが友人に初めてカミングアウト。「特に反応はなかったが、不要な指摘《してき》が減って誤解《ごかい》がなくなった」。

★大学時代は4年まで、実家から2時間かけて通った。「新しい住所が言いにくかったらどうしよう、という不安があった」。吃音の自助グループに参加後、大学近くに転居した。

**2007年** 研修医を終え九州大学耳鼻咽喉《いんこう》科に入局。2008～2012年に大学院で吃音がある人の脳について研究し、医学博士号取得。

**2016年** 九大助教。病棟でのあだ名は「きくりん」。

研修医時代の菊池良和さん＝本人提供

からも休診日《きゅうしんび》は執筆《しっぴつ》にあて、共著《きょうちょ》を含めて12冊《さつ》を出版した。

バイデン米大統領や故・田中角栄元首相も悩《なや》んだ吃音《きつおん》だが、今も周囲の無理解に苦しむ人は後を絶たない。**吃音があっても、どうしたら生きやすくなるのか**。そう考えて、今年から吃音と社交不安障害《ふあんしょうがい》の関係を調べる研究を始めた。「吃音があっても人生は楽しい。誰《だれ》もがそう思えるお手伝いがしたい」。

新緑がまぶしい九州大学病院キャンパス。「学生時代、吃音の研究ができるのかな、と考えながらよく歩いていました」＝福岡市東区

菊池《きくち》良和《よしかず》さんに聞いてみよう

## Q 吃音になる原因は何でしょうか？

A はっきりはわかっていませんが、**最近の研究では生まれもった体質が約8割の要因であることがわかってきました。**昔は親のしつけや愛情不足が原因といった声もありましたが、決してそうではありません。

吃音には、**同じ音を繰り返す連発、最初の音を伸《の》ばす伸発、言葉が出てこない難発《なんぱつ》の3種類があります。**急速に言語が発達する幼児期のおよそ20人に1人の割合《わりあい》で吃音が見られます。

大半は自然になくなりますが、成人になってもおよそ100人に1人は吃音が残ると言われています。精神的な弱さが原因と誤解《ごかい》されがちですが、気合や努力で治るものではありません。

## Q 社会への発信に力を入れるのはなぜですか？

A

社会には、吃音《きつおん》に対する誤《あやま》った理解が根強くあります。それによって吃音のある人や家族が苦しむ現実を見てきました。

科学的知見に基づいた吃音の知識を社会に広めたいと、執筆《しっぴつ》活動を続けてきました。

あるとき、3歳《さい》の吃音がある男児とお母さんが、診療《しんりょう》に来ました。そのお母さんは「(きょうだいの) 上の子に気をとられて育児がおろそかになっているからではないか」と周りに責められ、子どもの将来《しょうらい》を悲観《ひかん》し、脱《だつ》毛症《もうしょう》になるほど悩んでいました。

診療では、男児の言葉をゆっくり待つと、たくさん話してくれました。それまで、**男児は話し方を注意されたり、途中《とちゅう》で言葉を先取りされたりして、話す意欲《いよく》を失っていたのです。**

お母さんも、周囲が理解して接すれば問題がないのだとわかってくれました。吃音のある私が働くのを見て安心されたようです。今では親子の会を立ち上げ、吃音の理解を広げる活動をされています。

Q

## 周囲の人はどう接したらいいでしょうか？

A

吃音《きつおん》への配慮《はいりょ》はとても簡単《かんたん》です。発話に少し時間がかかることがありますが、少し待ってくれればよいのです。コミュニケーションは言葉のキャッチボール。投げる人が下手でも、受けとる人がうまくキャッチしてくれれば、コミュニケーションは成立します。

苦手な場面では、少し手伝ってあげればよい。国語の音読なら、1人では言葉に詰《つ》まっても、2人なら流暢《りゅうちょう》に読めることがあります。職場で電話対応が難《むずか》しければ、他の人が代わったり別の仕事をしてもらったりすればよいのです。

特に子どもの場合には、話をせかしたり遮《さえぎ》ったりせず、最後まで聞いてあげてください。「ゆっくり話そう」などの助言も逆効果になることがあります。「どもっていてもいいんだよ」と周りが伝え続け、話したい気持ちを育ててあげてください。

学校でからかわれることがあれば、すぐに担任教師《たんにんきょうし》らに連絡《れんらく》し、対応を求めてください。からかった子も「持って生まれた話し方をからかうのはいけないことだ」と理解すれば、反省するはずです。**大人が毅然《きぜん》と対応し、吃音のある子が「自分は悪くない」と思える環境づくりが大切です。**



Q

## 診療では吃音を治すことはしないのですか？

A

日常の困《こま》りごとを聞き、電話やプレゼンなど、特定の困った場面があれば、言語聴覚士《ちょうかくし》と相談して、言語療法《りょうほう》をしてもらうことはあります。ただ、**目的は吃音を治すことではなく、楽な話し方を知って、話す意欲《いよく》を高めること**だと私は考えています。

吃音《きつおん》があっても会話のすべてでどもるわけではなく、およそ8割《わり》は流暢《りゅうちょう》に話せます。8割を99%に改善《かいぜん》しても、残り1%の会話でどもれば、治ったことにはなりません。

吃音を悪いことだと思って隠《かく》そうとすると、会話の一番の目標がどもらないことになってしまい、話す内容まで十分考えられなくなります。行動が消極的になったり、人と話すのが怖くなったりして、人生が大きく左右されてしまうこともあります。吃音を操《あやつ》ろうとして、実は吃音によって自分の人生が操られてしまうのです。

世間では吃音の悩みというと、表面上のどもっていることそのものとしか思われない向きがありますが、深刻なのは2次障害《じしょうがい》です。社交不安になることで能力が過小評価され、本来の力が発揮《はっき》できない人たちが数多くいるのが現実です。

Q

## だから社交《しゃこう》不安障害《ふあんしょうがい》との関係を調べる研究を始めたのですね。

A

九大病院を受診《じゅしん》した5年間の吃音患者《かんじゃ》を調べると、成人の半数が社交不安障害を合併《がっぺい》していることがわかりました。海外でも、吃音がある人はない人に比べて、4倍も社交不安障害があるとの報告があります。私もそうでしたが、思春期を迎《むか》える中高生の頃《ころ》に吃音の悩《なや》みが増し、不登校や中退《ちゅうたい》に至《いた》る子たちもいます。

今年始めた研究では、こうした中高生がどれぐらい社交不安障害を抱《かか》えているのか、どんな支援《しえん》ができるのかを調べる予定です。


新聞掲載：2021年5月22日

# おわりに

さまざまなジャンルで「自然と共存《きょうぞん》する」フロントランナー9人のお話はいかがだったでしょうか?

犬や猫《ねこ》といった身の回りにいる動物や牛や豚《ぶた》などの畜産《ちくさん》動物、さらに山や極地《きょくち》といった自然との関わり……それらの現状を目の当たりにして思い浮《う》かぶのは「生物多様性」という言葉ではないでしょうか。


みなさんは、「生物多様性」という言葉を聞いたことがありますか?

「生物多様性」とは、さまざまな生きものが異《こと》なる環境《かんきょう》で自分たちの生きる場所を見つけ、互《たが》いに違《ちが》いを活かしながらつながり、調和していることを意味します。

それが、私たち人間とどのように関係しているのか、イメージしてみましょう。

たとえば、ある地域《ちいき》に生息する昆虫《こんちゅう》が、何らかの理由で絶滅《ぜつめつ》したとします。

すると、その生物を食料としていた動物は食料を失い、新たなエサを求めて移動。

その結果、移動した土地で維持《いじ》されていた生態系《せいたいけい》のバランスが崩壊《ほうかい》します。

さらに、その動物は農作物につく害虫もエサとしていたので、動物がいなくなった土地では害虫が増えて、農作物が不作に。

最終的に行きつく先は人間の食料危機《きき》という未来です。

このようにすべての生物は互いに補完《ほかん》し合い、影響《えいきょう》を与《あた》え合っていますが、まわりの生物にもっとも迷惑《めいわく》をかけている種は人間に違いないでしょう。

私たちは生物を獲《と》って食べるだけでなく、彼らの住環境を破壊したりしています。

とはいえ、人類社会を維持していくには、なるべく彼らに迷惑《めいわく》をかけないことを心がけつつ、生態系の働きを利用し、自然に依存《いそん》して生きていくしかありません。

生物多様性条約が採択《さいたく》されたのは1992年、環境と開発に関する国際連合会議、通称リオ・サミットでのこと。それから約30年、現在の状況《じょうきょう》はどうでしょう?

6巻《かん》のテーマである「自然と共存する」というジャンルにおいては、誰《だれ》か特別な人だけがフロントランナーとなり、輝《かがや》くのではなく、一人ひとりの重要な働きかけとして、誰もがフロントランナーを目指すことが必要になるのかもしれません。

朝日新聞be編集部
岩崎FR編集チーム

## Staff

春山慶彦さん分＝文・斎藤健一郎　写真・金子淳
梅田達也さん分＝文・太田匡彦　写真・嶋田達也
田中亜紀さん分＝文・太田匡彦　写真・竹花徹朗
佐藤哲也さん分＝文・太田匡彦　写真・関田航
山口武雄さん分＝文・太田匡彦　写真・藤脇正真
若山三千彦さん分＝文・佐藤陽　写真・山本裕之
角幡唯介さん分＝文・寺下真理加　写真・山本正樹
岡田千尋さん分＝文・太田匡彦　写真・村上健
菊池良和さん分＝文・小川裕介　写真・藤脇正真

編集　岩崎FR編集チーム
編集協力　峰岸美帆
装丁　黒田志麻
イラスト　よしだみさこ
DTP　佐藤史子
校正　株式会社 鷗来堂

参考サイト
ヤマップ
アニラボ
ペット（犬・猫・小動物など）の里親募集サイト ハグー
農林水産省
PORTキャリア
日本動物園水族館協会
新島村
Sippo
植村直己冒険館
スマートでんきコラム
WWFジャパン
生物多様性センター
環境省
国立研究開発法人 国立環境研究所

参考資料
WildWelfare「良好な動物福祉を促進する動物管理と記録管理」
『現役獣医師が猫のホンネから不調の原因までを解説！家ねこ大全 285』藤井康一（KADOKAWA）

# フロントランナー
## 6 自然と共存する

2024年10月31日　第1刷発行

監修　朝日新聞be編集部

発行者　小松崎敬子
発行所　株式会社 岩崎書店
〒112-0014　東京都文京区関口2-3-3 7F
電話　03-6626-5080（営業）　03-6626-5082（編集）

印刷　三美印刷株式会社
製本　株式会社若林製本工場

ISBN 978-4-265-09190-4　NDC366　144P　21×15cm

Published by IWASAKI Publishing Co., Ltd.
Printed in Japan

岩崎書店HP　https://www.iwasakishoten.co.jp
ご意見ご感想をお寄せください。info@iwasakishoten.co.jp
乱丁本・落丁本は小社負担でおとりかえいたします。